Penha Carpanedo
Joaquim Fonseca
Irineu Rezende Guimarães

CELEBRANDO POR OCASIÃO DA MORTE

Subsídio para velório, última encomendação e sepultamento

Dados Internacionais de Catalogação na Publicação (CIP)
(Câmara Brasileira do Livro, SP, Brasil)

Carpanedo, Penha
    Celebrando por ocasião da morte : subsídio para velório, última encomendação e sepultamento / Penha Carpanedo, Joaquim Fonseca, Irineu Rezende Guimarães. – São Paulo : Paulinas, 2011. – (Coleção liturgia no caminho. Série celebrações populares)

    ISBN 978-85-356-2830-2

    1. Celebrações litúrgicas   2. Funerais – Ritos e cerimônias   3. Morte – Aspectos religiosos – Cristianismo   I. Fonseca, Joaquim. II. Guimarães, Irineu Rezende.   III. Título.   IV. Série.

11-05910   CDD-265.85

Índice para catálogo sistemático:
1. Morte : Celebrações litúrgicas : Cristianismo   265.85

1ª edição – 2011
5ª reimpressão – 2025

Direção-geral: *Bernadete Boff*
Editora responsável: *Vera Ivanise Bombonatto*
Copidesque: *Mônica Elaine G. S. da Costa*
Coordenação de revisão: *Marina Mendonça*
Revisão: *Ana Cecilia Mari*
Assistente de arte: *Sandra Braga*
Gerente de produção: *Felício Calegaro Neto*
Editoração eletrônica: *Wilson Teodoro Garcia*
Ilustração de capa: *Cláudio Pastro*

Nenhuma parte desta obra poderá ser reproduzida ou transmitida por qualquer forma e/ou quaisquer meios (eletrônico ou mecânico, incluindo fotocópia e gravação) ou arquivada em qualquer sistema ou banco de dados sem permissão escrita da Editora. Direitos reservados.

Apostolado Litúrgico

Rua Carlos Silveira Franco Neto, 180
Bairro Ipê – Distrito Jacaré
13318-000 – Cabreúva – SP
Tel.: (11) 4409-3131
www.apostoladoliturgico.com.br

Paulinas

Rua Dona Inácia Uchoa, 62
04110-020 – São Paulo – SP (Brasil)
Tel.: (11) 2125-3500
paulinas.com.br
editora@paulinas.com.br
Telemarketing e SAC: 0800-7010081

© Pia Sociedade Filhas de São Paulo – São Paulo, 2011

*Antes, para os mortos,
havia só demonstrações de dor e de pranto.
Hoje há salmos e hinos...
Naquele tempo, a morte era o fim.
Agora não é mais assim.
Cantam-se hinos, orações e salmos,
e tudo isso como sinal
de que se trata de um acontecimento festivo.*

São João Crisóstomo (+407), PG 50, 634.

SUMÁRIO

APRESENTAÇÃO 7

A MORTE COMO PLENITUDE DA PÁSCOA 9

    Roteiro da celebração 11

        Velório 12

        Encomendação e despedida 15

        Sepultamento 16

    Cremação e deposição das cinzas 16

    Lembretes 17

    Celebração com as famílias enlutadas 19

PÁSCOA DE UMA PESSOA ATUANTE
NA COMUNIDADE 20

    I – VELÓRIO 20

    II – ENCOMENDAÇÃO E DESPEDIDA 29

    III – SEPULTAMENTO 31

PÁSCOA DE UMA PESSOA APÓS LONGA
ENFERMIDADE 33

    I – VELÓRIO 33

    II – ENCOMENDAÇÃO E DESPEDIDA 40

    III – SEPULTAMENTO 42

PÁSCOA DE UMA PESSOA JOVEM 45

    I – VELÓRIO 45

    II – ENCOMENDAÇÃO E DESPEDIDA 54

    III – SEPULTAMENTO 56

PÁSCOA DE UM(A) RELIGIOSO(A) 58

    I – VELÓRIO 58

    II – ENCOMENDAÇÃO E DESPEDIDA 66

    III – SEPULTAMENTO 68

PÁSCOA DE UMA PESSOA VÍTIMA DE MORTE VIOLENTA.....71
I – VELÓRIO.....71
II – ENCOMENDAÇÃO E DESPEDIDA.....78
III – SEPULTAMENTO.....80

PÁSCOA DE UMA CRIANÇA.....83
I – VELÓRIO.....83
II – ENCOMENDAÇÃO E DESPEDIDA.....90
III – SEPULTAMENTO.....93

RITO DA CREMAÇÃO.....95

DEPOSIÇÃO DA URNA COM AS CINZAS.....97

OFÍCIO DE APOIO ÀS FAMÍLIAS ENLUTADAS.....101

ELEMENTOS DIVERSOS.....104
REFRÃOS MEDITATIVOS.....104
HINOS.....105
SALMOS.....108
CÂNTICOS BÍBLICOS.....128
ACLAMAÇÕES AO EVANGELHO.....130
LOUVAÇÕES.....133
OUTROS.....138

ÍNDICE ALFABÉTICO
(Conforme a sequência do roteiro).....143

ÍNDICE ALFABÉTICO DO REPERTÓRIO.....147

APRESENTAÇÃO

A celebração do velório e das exéquias é, sem dúvida nenhuma, um momento pastoral de grande importância. A morte e o morrer são temas que tocam o mais profundo do ser humano. Embora a fé afirme que "a vida não é tirada, mas transformada", a tragicidade da morte atinge também o cristão. Queira ou não, a morte continua sendo, também para o cristão, o mais obscuro mistério da existência humana. O próprio Jesus, ao perceber que sua hora chegara, sentiu medo e suou sangue (Lc 22,44). Diante da morte, nós nos tornamos mudos. No entanto, aonde as palavras humanas não conseguem chegar, a fé e a esperança são capazes de nos iluminar e impedir que caiamos no báratro do absurdo. Sob a luz da Palavra de Deus, é possível ver que a vida não é uma brincadeira de mau gosto provocada pela natureza, nem fruto de uma divindade caprichosa. A Palavra de Deus permite lançar nosso olhar para além das sombras da morte e ver nela a oportunidade de acordarmos para o que de fato conta e para os valores que os ladrões não podem roubar nem a traça corroer (Lc 12,33). Embasado nesta realidade, o Ritual lembra que o velório e as exéquias são momentos propícios para demonstrar carinho aos enlutados e, sem desrespeitar a dor dos que sofrem, despertar a esperança nos participantes, fortificando-lhes a fé no mistério pascal e na ressurreição dos mortos (RE 17).

Como atesta Santo Agostinho, a Igreja, desde os primórdios, celebra com muita solenidade as exéquias de seus fiéis (Carta 158). A oração, nessa oportunidade, tem o objetivo de confiar ao Pai a pessoa que partiu, suplicando o perdão de seus pecados. Objetiva também agradecer os dons recebidos e os bens que, por graça de Deus, a pessoa realizou. Pede-se ainda pelos familiares, para que possam viver na fé sua dor e voltar seu olhar para os horizontes da eternidade, na certeza de que "o Senhor acabou com a morte para sempre e que por isso vai enxugar as lágrimas de todas as faces" (Is 25,8).

Este subsídio, como indica o título, quer celebrar por ocasião da morte. Os autores foram muito felizes em sua confecção. A beleza e a poesia dos textos, sem mascarar a dor, afirmam com toda a ênfase que os que partem, na casa do Pai, hão de se alegrar. Queira Deus que as celebrações aqui propostas levem o consolo da fé e a solidariedade dos irmãos a todos que, visitados pela morte, precisam de uma presença fraterna e amiga.

Dom Manoel João Francisco
Bispo de Chapecó (SC)

A MORTE COMO PLENITUDE DA PÁSCOA

Tem sido comum celebrar a morte com pouco ou nenhum rito, sobretudo nas cidades. Em geral, o corpo é levado do hospital ao velório, do velório ao sepultamento, apressadamente. No entanto, os ritos funerais têm importância vital para a vivência do luto. É uma maneira de encarar a própria morte e retomar o sentido da vida. Afinal, como diz o historiador da arte Jorge Coli, "pensamos que os sinos tocam para outro morto; mas é para nós que eles estão tocando".

Para muitas pessoas, a celebração da morte é o momento de afrontar as questões centrais da fé, exigindo da comunidade eclesial o esforço de retomar tais questões com profundidade. Dessa maneira, a celebração das exéquias pode ser vivida como um momento privilegiado de experiência humana e espiritual.

Se toda celebração litúrgica é sempre memória da Páscoa, isto também se realiza quando a comunidade cristã se reúne para celebrar a despedida de um irmão ou irmã. "Exéquias" têm a ver com êxodo, saída, passagem. Por isso, a liturgia pelos falecidos é uma liturgia pascal! Na Igreja primitiva, as exéquias eram celebradas como o encerramento de um êxodo pascal. Fazia parte do repertório, nessa ocasião, os salmos 114 e 118, por sua relação com a Páscoa judaica e cristã, expressando a travessia e o novo nascimento.

Com o tempo, passaram a predominar nos rituais de exéquias o medo do juízo e o caráter de expiação e sufrágio pelos pecados. O Concílio Vaticano II enfatiza que "o rito das exéquias deve exprimir mais claramente a índole pascal da morte cristã" (SC 81). Portanto, a celebração da passagem de um(a) irmão(ã) constitui um sinal peculiar de todo o mistério da paixão, morte e ressurreição do Senhor que nos é dado à participação.

No fim de nossa peregrinação terrestre, passamos da morte para a vida, cujo início se deu por ocasião do batismo, continuou ao longo de toda a vida e se completou na morte, graças à nossa plena participação na ressurreição de Cristo. O(a) irmão(irmã) falecido(a) experimenta efetivamente em seu corpo o que vivera sacramentalmente pela fé batismal: o morrer e o viver em Cristo, indo deste mundo ao Pai, completando em sua carne a paixão de Cristo (Cl 1,24).

A comunidade faz a sua experiência pascal e, pela prece, espera e pede sem cessar que(a) o irmão(irmã) falecido(a) seja associado(a) à Páscoa de Cristo, o primeiro dentre os mortos (Cl 1,18). Nesse sentido, a oração da Igreja tem por finalidade, também, consolar os parentes e amigos e se converte num gesto de solidariedade, sobretudo para com os pobres "vítimas da violência e injustiça na vida e na morte".

Além do serviço litúrgico gratuito, a comunidade cristã busca alternativas para ajudar a família. Essa ajuda se traduz em forma de presença, auxílio nas tarefas, força positiva para que a pessoa possa entrar de novo em contato afetuoso consigo mesma e com os outros.

ROTEIRO DA CELEBRAÇÃO

O Ritual de Exéquias, renovado pelo Concílio Vaticano II, foi promulgado em 1969 e publicado no Brasil em 1971. Em 2003, a editora Paulus publicou o subsídio da CNBB, *Nossa Páscoa*, mais acessível em sua linguagem.

O presente subsídio, destinado especialmente aos ministros(as) não ordenados, apresenta um roteiro simples, a partir do Ofício Divino das Comunidades, com base no Ritual de Exéquias.

Compõe-se de seis roteiros, contemplando as diferentes circunstâncias da morte: de um membro atuante na comunidade; de uma pessoa falecida após longa enfermidade; de um(a) jovem; de um(a) religioso(a); de alguém vítima da violência e de uma criança. Por fim, dois pequenos ritos para o momento da cremação e da deposição das cinzas e ainda um ofício de apoio às famílias enlutadas.

Cada roteiro está assim organizado: a) velório (chegada, abertura, recordação da vida, salmo, leituras bíblicas, meditação, preces, louvação); b) encomendação e despedida; c) sepultamento (ou cremação).

Destacamos neste subsídio a relevância da música, em grande parte oriunda da tese doutoral de Frei Joaquim Fonseca, defendida em dezembro de 2009: *A contribuição das incelências para a inculturação da mú-*

sica ritual de exéquias.[1] Grande parte dos textos desse repertório foi elaborado pelo poeta e compositor Reginaldo Veloso.

VELÓRIO

Chegada

Ao chegar ao velório, o(a) ministro(a) aproxima-se, visita o defunto,[2] ora em silêncio com profundo respeito. Antes de iniciar a celebração, convida todos à oração. Às vezes, um refrão que se repete pode ser um bom começo para acalmar e irmanar as pessoas em torno do mistério a ser celebrado. Alguém acende o círio (caso não esteja aceso). Assim como Cristo, a luz da pessoa falecida não se apagou e será preservada na memória dos que ficam.

Abertura

O(a) ministro(a), estando diante da assembleia, de preferência junto ao caixão, entoa os versos da abertura. São versos bíblicos de invocação a Deus e de convite à oração, que expressam o sentido da celebração da morte cristã.

---

[1] Esta tese encontra-se publicada sob o título: *Música ritual de exéquias: uma proposta de inculturação*, pela editora O Lutador, em coedição com Apostolado Litúrgico.

[2] O termo defunto (*Defunctus*, do verbo *defungi*), mais apropriado para referir-se à pessoa falecida, significativamente, quer dizer "desempenhado", alguém que cumpriu a missão, deu conta do recado, terminou sua tarefa.

Recordação da vida

O(a) ministro(a) convida a comunidade para a recordação da vida. Não é reflexão sobre a morte, nem preces, mas momento de trazer as lembranças, expressar os sentimentos em relação à pessoa que agora parte do meio da família e dos amigos. É momento de recordar como ela viveu a sua fé em Jesus, de como o mistério pascal foi vivido e revelado em sua vida e em sua missão. Cada pessoa que passa pela vida é uma "carta" na qual Deus escreve algo para a humanidade. Cada um pode se perguntar: "O que aprendi com esta morte?" e deixar-se evangelizar. Também podem ser incluídas neste momento a lembrança de como aconteceu a morte e as últimas palavras... A recordação da vida termina com uma pequena oração, ou com um hino, ou simplesmente com breves palavras introduzindo o salmo.

Salmo

Os salmos, por sua linguagem poética, oferecem imagens que encontram ressonância em nossa experiência humana. Nas circunstâncias da morte, eles nos oferecem a possibilidade de expressar a dor e a confiança, o sentimento de perda e a ação de graças... Alguém introduz o salmo com breves palavras, ligando-o ao mistério da morte. Um(a) cantor(a) entoa o salmo, que pode ser alternado entre solista e assembleia, ou entre dois coros. No final, um tempo de oração silenciosa e repetição de uma ou outra frase do salmo que calou no coração. Por fim, quem coordena, conclui com a oração sálmica, retomando e atualizando o salmo a partir de Jesus, no contexto da morte do irmão (da irmã). Há sugestões de como fazer isso, em cada caso.

Leitura bíblica

Na dinâmica do rito, a leitura bíblica reveste-se de especial significado: proclama o mistério pascal, desperta a esperança de um novo encontro no Reino de Deus e suscita uma atitude cristã diante da morte e diante da vida. Há sugestões em cada roteiro, conforme as diferentes situações e circunstâncias da morte: uma leitura do AT ou do NT, seguida de um salmo responsorial, aclamação ao Evangelho e proclamação do Evangelho.

Meditação

Depois das leituras, segue uma breve homilia, a partir dos textos bíblicos, e ligando a Palavra com a recordação da vida feita no início da celebração. É o momento de perguntar o que Deus nos fala por meio de sua Palavra. Não é elogio fúnebre, nem reflexão de cunho meramente doutrinal. É antes uma mensagem viva que abre ao mistério da vida que vence a morte.

Preces

A intercessão pelos falecidos, pelos familiares e pela comunidade pode ser um momento de ampliar o horizonte do nosso olhar e de projetar nele o próprio olhar de Deus. O(a) ministro(a) faz o convite e propõe a resposta, de preferência cantada. Após as intenções que constam no roteiro de cada ofício, as pessoas podem dirigir suas preces a Deus, espontaneamente.

Louvação

Depois das preces, se oportuno, alguém coloca incenso no braseiro, sinal de oferenda da vida consumada diante de Deus. O(a) ministro(a) convida a assembleia a expressar motivos de ação de graças. Depois, de mãos erguidas, dirige ao Pai a louvação, inspirada no prefácio da missa dos fiéis defuntos. Louvamos, porque "se a certeza da morte nos entristece, a promessa da imortalidade nos consola", e aquele que ressuscitou Cristo Jesus dentre os mortos dará vida também a nossos corpos mortais, mediante o seu Espírito que habita em nós (cf. Rm 8,11). No final, todos recitam ou cantam o Pai-Nosso, de preferência, na versão ecumênica.

ENCOMENDAÇÃO E DESPEDIDA

Antes da procissão à sepultura, faz-se a encomendação. O(a) ministro(a) convida a comunidade a este último "adeus", que tem o sentido de despedida e de entrega "a Deus". Nesse momento, o corpo é aspergido e incensado, ressaltando a sua dignidade, qual semente de ressurreição. A prece e o canto que seguem são expressão dessa entrega, pedindo que os santos e os anjos conduzam o defunto à Jerusalém celeste, como o fizeram com Lázaro no Evangelho.

Sepultamento

O sepultamento consiste na deposição do corpo no sepulcro, a exemplo do que realizaram com o corpo de Jesus (cf. Jo 19,37-42). Ele, sepultado durante três dias no seio da terra, santificou os nossos túmulos.

É importante valorizar costumes locais, por exemplo, o de jogar terra sobre o caixão ou colocar flores sobre a sepultura... O sepultamento nem sempre segue imediatamente às exéquias, por isso consta em nosso roteiro como um rito autônomo.

CREMAÇÃO E DEPOSIÇÃO DAS CINZAS

Os cristãos sempre preferiram sepultar o corpo na terra por considerar mais conforme a fé na ressurreição. Contudo, a cremação, em si, não tem nada de contrário à fé. Em muitas circunstâncias, ao longo da história, por algum motivo a Igreja admitiu esta prática. Opôs-se à cremação quando esta se tornou uma forma de hostilizar a fé cristã, sobretudo a partir do século XVII.

O Ritual de Exéquias, elaborado a partir da teologia do Concílio Vaticano II, prevê a cremação e permite que as exéquias sejam celebradas no próprio prédio ou sala do crematório (cf. Ritual de 1969, n. 15). Pela cremação explicita-se, igualmente, o sentido pascal da morte cristã, pois o fogo tem um sentido simbólico de purificação e evoca o Espírito qual fogo que tudo transforma. Incluímos neste subsídio o rito da cremação, supondo que as exéquias tenham sido realizadas antes. Há também um rito para o momento da deposição das cinzas, depois da cremação.

LEMBRETES

Para que a celebração da morte seja vivenciada como acontecimento pascal, é importante tomar alguns cuidados:

- No cemitério, os velórios acontecem em locais apertados, pouco ventilados, com vaivém de pessoas... O primeiro cuidado é com o espaço, tornando-o mais adequado à oração e enriquecendo-o com os símbolos da fé: cruz, velas, Bíblia, água para a aspersão, flores e, onde for possível, também o braseiro para o incenso. Entre estes elementos, destaca-se o círio pascal, sinal do Cristo ressuscitado no tempo pascal e, durante todo o ano, nas celebrações do batismo e das exéquias.

- Ao chegar ao ambiente do velório, mantendo a máxima discrição, o(a) ministro(a) aproxima-se, cumprimenta as pessoas, observa o espaço (presença e ausência de símbolos), colhe, de maneira informal, dados a respeito do defunto (nome, se jovem ou idoso, adulto ou criança, homem ou mulher...). É importante estar atento a qualquer comentário da família sobre a vida do falecido e sobre as circunstâncias da morte (doença prolongada ou morte repentina, assassinato, acidente, suicídio); prestar atenção sobre sua relação com a Igreja e se há, na assembleia, parentes e amigos de outras confissões cristãs, de outras religiões ou não crentes. A partir destes dados, escolhe-se o roteiro a ser usado, fazendo as necessárias adaptações.

- Um destaque ao silêncio: se ele é importante em qualquer celebração, muito mais nas exéquias. Evite-se o muito falar para dar lugar às palavras da fé. O que se deve buscar é a autenticidade na condução do rito, para que as pessoas possam se beneficiar do seu significado teológico-espiritual.

- Nos velórios, pelo fato de estarem presentes pessoas de outras Igrejas, é desejável que as celebrações tenham um caráter ecumênico e seja um testemunho de unidade e de compaixão.

- É bom que o(a) ministro(a) leigo(a), a quem, muitas vezes, é confiado o serviço de presidir a celebração, tenha uma veste condizente, ou pelo menos uma cruz no peito. Recomenda-se a cor branca, ao invés de roxa, e um modelo digno de veste, distinguindo-se do costumeiro jaleco (uniforme de trabalho).

- Os diversos elementos deste roteiro podem ser escolhidos de acordo com a assembleia e com as diferentes circunstâncias da morte. Os textos das orações são sempre propostos no singular, mas poderão ser adaptados quando necessário. Onde, por algum motivo, não houver condições de fazer o ofício por inteiro, seja realizado ao menos a encomendação e o sepultamento.

- Boa parte dos cantos indicados neste subsídio encontra-se no *Hinário Litúrgico*, v. 3 e 4, e também gravada em CD.[3]

CELEBRAÇÃO COM AS FAMÍLIAS ENLUTADAS

Apresentamos, ainda, um pequeno roteiro para celebrar com as famílias enlutadas nos dias depois do sepultamento. Em geral, as pessoas ficam transtornadas com a perda de um membro da família. Depois do enterro, vêm a solidão, as lembranças e, quase sempre, o sentimento de culpa, a sensação de não ter feito tudo o que podia ter sido feito para impedir a morte. Às vezes a família vive dificuldade econômica e desestruturação, causadas pela morte do pai ou da mãe, ou porque houve gastos com a doença e com o enterro. Outras vezes, há problemas legais a serem resolvidos. Por isso, uma das coisas importantes nesta celebração é abrir espaço para que a família possa expressar seus sentimentos e suas dificuldades... A celebração deve possibilitar que a família sinta o consolo da Palavra de Deus e o apoio concreto da comunidade, para que possa atravessar o momento difícil que está vivendo. A celebração pode acontecer na comunidade ou na família e a partir deste encontro podem seguir outras visitas e gestos de apoio.

---

[3]   O CD com vários cantos deste livro está disponível nos centros do Apostolado Litúrgico ou em: <www.apostoladoliturgico.com.br>.

PÁSCOA DE UMA PESSOA ATUANTE NA COMUNIDADE

I – VELÓRIO

1. Chegada

No momento da celebração, se o espaço permitir, sugerir aos parentes e amigos(as) que se aproximem do caixão.

Refrão meditativo

Bem-aventurado entre os mortos
quem adormeceu no Senhor,
/:repousar de suas fadigas vai
quem por Deus viveu, no labor!:/ (Ap 14,13)

2. Abertura

– Vem, ó Deus da vida, vem nos ajudar! (bis)
Vem, não demores mais, vem nos libertar! (bis)
– A ti, ó meu Deus, o teu povo canta, (bis)
as suas preces ouves na cidade santa. (bis)
– Como é feliz quem vai habitar (bis)
em tua casa, ó Pai, há de se alegrar! (bis)
– O descanso eterno dá-lhe, ó Senhor! (bis)
Eternamente goze do teu esplendor. (bis)

3. Recordação da vida

Aqui nos encontramos reunidos
em torno de nosso(a) irmã(o) N.,

que encerrou sua caminhada entre nós.
Coloquemos nas mãos de Deus a nossa dor
e recordemos o bem que N. pôde realizar em sua vida.

Quem preside, se oportuno, convida a assembleia a trazer lembranças a respeito da vida e do testemunho de fé da pessoa falecida. Concluir com a oração que segue:

Oração

Ó Deus, glória dos fiéis e vida dos justos,
nós te bendizemos pela vida de N.
e pelo seu testemunho de fidelidade ao teu amor.
Junto de ti, ele(a) possa viver em plenitude
o que, em sua vida na terra, professou pela fé.
Por Cristo, nosso Senhor. **Amém.**

4. Salmo 118(117)

Agradeçamos ao Senhor pela vitória de Cristo, que nos abriu definitivamente as portas do paraíso e nos libertou da morte.

1. Aleluia, irmãos,
ao Senhor vinde e louvai,
celebrai o Senhor, irmãs,
ele é bom, é bom demais!
Celebrai o Senhor, irmãs,
ele é bom, é bom demais!

2. Na angústia eu clamei
ao Senhor e ele ouviu-me,
minha prece ele escutou,
o Senhor me libertou!

Minha prece ele escutou,
o Senhor me libertou!

3. Minha força e meu canto,
minha força é o Senhor!
Para mim, para mim, irmãos,
o Senhor foi salvação!
Para mim, para mim, irmãos,
o Senhor foi salvação!

4. Levantou-se sua mão,
sua direita levantou-se,
sua direita se levantou,
maravilhas operou!
Sua direita se levantou,
maravilhas operou!

5. Meus irmãos, eu não vou,
eu não vou jamais morrer,
viverei para anunciar
do Senhor seu bem-fazer!
Viverei para anunciar
do Senhor seu bem-fazer!

6. O Senhor me testou,
mas não quis me ver morrer.
Da justiça abri-me as portas,
vou entrar e bendizer!
Da justiça abri-me as portas,
vou entrar e bendizer!

7. Do Senhor é a porta
e os justos vão entrar.

Tu me ouviste e me salvaste,
e por isso eu vou louvar!
Tu me ouviste e me salvaste,
e por isso eu vou louvar!

8. Esta pedra sobrou,
os pedreiros rejeitaram,
mas tornou-se a principal,
todos viram e pasmaram!
Mas tornou-se a principal,
todos viram e pasmaram!

9. O Senhor foi quem fez,
vejam quanta maravilha!
Eis o Dia do Senhor,
exultemos de alegria!
Eis o Dia do Senhor,
exultemos de alegria!

10. Glória a Deus, nosso Pai,
e a seu Filho, que é Jesus!
E ao Espírito Divino!
Que me dê a eterna luz!
E ao Espírito Divino!
Que me dê a eterna luz!
Na Quaresma: "Alegria, irmãos!" (No lugar de "Aleluia, irmãos")
Oração silenciosa... Repetição de frases ou palavras do salmo, intercalando com breve silêncio...

Oração sálmica

Ó Pai, rico em misericórdia,
socorreste Jesus em sua morte e foste seu Salvador.
Faze brilhar a luz da ressurreição

e renova em nós a esperança na vida eterna.
Tu que és o autor da vida, Deus da nossa salvação.
Por Cristo, nosso Senhor. **Amém.**

5. Primeira leitura – Rm 6,3-9

Leitura da Carta de Paulo aos Romanos.

Todos nós, batizados no Cristo Jesus, é na sua morte que fomos batizados. Pelo batismo fomos sepultados com ele em sua morte, para que, como Cristo foi ressuscitado dos mortos pela ação gloriosa do Pai, assim também nós vivamos uma vida nova. Pois se fomos, de certo modo, identificados a ele por uma morte semelhante à sua, seremos semelhantes a ele também pela ressurreição. Sabemos que o nosso homem velho foi crucificado com Cristo, para que seja destruído o corpo sujeito ao pecado, de maneira a não mais servirmos ao pecado. Pois aquele que morreu está livre do pecado. E, se já morremos com Cristo, cremos que também viveremos com ele. Sabemos que Cristo, ressuscitado dos mortos, não morre mais. A morte não tem mais poder sobre ele.

Palavra do Senhor. **Graças a Deus.**

6. Salmo responsorial – Sl 116(114)

Melodia: *Hinário Litúrgico* 3, p. 160. D.R.

**Andarei na presença de Deus,
junto a ele na terra dos vivos.**

1. Eu amo o Senhor, porque ouve
o grito da minha oração.
Inclinou para mim seu ouvido,
no dia em que eu o invoquei.

2. Libertou minha vida da morte
e livrou os meus pés do tropeço.
Andarei na presença de Deus,
junto a ele na terra dos vivos.

3. Eis que sou vosso servo, ó Senhor,
mas me quebraste os grilhões da escravidão.
Por isso oferto um sacrifício de louvor,
invocando o nome santo do Senhor.

7. Aclamação ao Evangelho

S: Aleluia, aleluia!
T: Aleluia, aleluia!
S: Aleluia, aleluia, aleluia!
T: Aleluia, aleluia, aleluia!

Eu sou a ressurreição e a vida, disse o Senhor;
quem vive e crê em mim não morrerá para sempre (Jo
11,25a.26).

Na Quaresma:

Louvor e glória a ti, Senhor Jesus,
tua Palavra é fonte de eterna luz!

Venham, benditos de meu Pai, disse o Senhor:
tomem posse do Reino preparado para vocês
desde a criação do mundo.

8. Evangelho – Jo 11,21-27

– O Senhor esteja com vocês!

Ele está no meio de nós!

– Proclamação do Evangelho de Jesus Cristo segundo João.

Glória a vós, Senhor!

Naquele tempo, Marta disse a Jesus: "Senhor, se tivesses estado aqui, meu irmão não teria morrido. Mesmo assim, eu sei que o que pedires a Deus, ele te concederá". Jesus respondeu: "Teu irmão ressuscitará". Marta disse: "Eu sei que ele vai ressuscitar, na ressurreição do último dia". Jesus disse então: "Eu sou a Ressurreição e a Vida: Quem crê em mim, ainda que tenha morrido, viverá; e todo aquele que vive e crê em mim, não morrerá jamais. Crês nisto?". Ela respondeu: "Sim, Senhor, eu creio firmemente que tu és o Cristo, o Filho de Deus, aquele que deve vir ao mundo".

Palavra da Salvação. **Graças a Deus.**

9. Meditação

Silêncio, homilia...

10. Preces

Irmãos e irmãs, confiantes na promessa da ressurreição, supliquemos ao Senhor, cantando (dizendo):

Escuta-nos, Senhor da glória.

– Ó Cristo, vencedor da morte e Senhor da vida, concede a N. a graça da ressurreição.

– Senhor Jesus, que no Horto das Oliveiras experimentaste a angústia e o medo, ensina-nos a acolher a morte como plenitude da vida.

– Senhor Jesus, que devolveste a vida ao filho da viúva de Naim, consola-nos em nossa dor e enxuga as lágrimas de todos os que choram.

– Ó Cristo, que devolveste a alegria a Marta e Maria com a ressurreição de Lázaro, firma-nos na esperança da ressurreição.

Preces espontâneas...

Atende-nos, ó Cristo, tu, que junto do Pai intercede por nós, na unidade do Espírito Santo. **Amém.**

11. Louvação

Quem preside poderá incensar o corpo, ressaltando a sua dignidade de templo do Espírito Santo e expressando o louvor pascal da assembleia reunida. Se oportuno, poderá ainda retomar algum aspecto já explicitado na recordação da vida ou convidar as pessoas a lembrarem motivos de ação de graças, pela Páscoa do(a) irmão(ã) falecido(a).

– O Senhor esteja com vocês!
Ele está no meio de nós!
– Demos graças ao Senhor, nosso Deus!
É nosso dever e nossa salvação!

1. Oh! Bendito Deus, louvado sejas!
Oh! Bendito sejas por Jesus!
/:Quem 'stiver dormindo acorde
vamos celebrar a luz!:/

2. Oh! Bendito Deus, louvado sejas!
Oh! Bendito, pela salvação!
/:Pois Jesus é a vida eterna,
em Jesus, ressurreição!:/

3. Oh! Bendito Deus, louvado sejas!
Oh! Bendito, eterno, o teu amor!
/:Por Jesus, com Jesus Cristo
suba ao céu nosso clamor!:/

Outras alternativas de louvação: "É bom cantar...", p. 133, ou recitada, p. 134.

Pai nosso...
Nas tuas mãos, Pai de misericórdia,
entregamos nosso(a) irmão(ã) N., na firme esperança
de que ele(a) ressurgirá com Jesus Cristo,
teu Filho, nosso Senhor. **Amém.**

12. Canto final

1. De Deus os santos, vinde em seu auxílio!
Anjos do Senhor, vinde ao seu encontro!

**Acolhei o irmão (a irmã) na eternidade,
onde não há choro, só felicidade!**

2. Ó meu irmão (ó minha irmã), Cristo te chamou.
Ele te receba e te acompanhem Anjos do Senhor.
Acolhei o irmão...

3. Descanso eterno, dai-lhe, ó Senhor,
o repouso eterno e a luz sem fim, o eterno esplendor!
Acolhei o irmão...

II – ENCOMENDAÇÃO E DESPEDIDA

Caso esta celebração seja realizada em momento distinto da anterior (velório), pode-se iniciar a encomendação com o seguinte refrão:

1. Refrão meditativo

Bendito seja o Senhor Deus,
Deus e Pai do Salvador.
/:Pai misericordioso,
Deus e Pai consolador./: (cf. 2Cor 1,3-4a)

2. Oração

Quem preside introduz a oração com o seguinte convite:

Conforme o costume cristão,
vamos sepultar o corpo de nosso(a) irmão(ã).
Peçamos a Deus que ressuscite este pobre corpo
e acolha N. entre os eleitos.
Conduzido(a) pelo Cristo, bom pastor,
participe da alegria eterna dos bem-aventurados.

Todos oram em silêncio, enquanto o corpo é aspergido em memória do Batismo, sacramento da nossa participação na morte-ressurreição de Cristo. Quem preside diz a seguinte oração:

Pai misericordioso, em tuas mãos
entregamos nosso(a) irmão(ã) N.
na firme esperança de sua ressurreição.
Em tua misericórdia abre para ele(a) as portas do Paraíso,
e a nós que ficamos
concede que nos consolemos, uns aos outros,

com as palavras da fé. Por Cristo, nosso Senhor! **Amém.**

3. Cântico de despedida – Lc 2,29-32

Agora deixa, Senhor,
partir em paz este teu servo
/:segundo quanto prometeste
minha vista contemplou.:/
A salvação que aprontaste
perante os povos do mundo todo
/:pra iluminar os povos todos
luz e glória dos que amaste.:/

4. Bênção

O Deus da paz que supera todo entendimento, guarde nossas mentes e corações em Cristo Jesus. **Amém.**
Que nosso(a) irmão(a) N., pela misericórdia de Deus, descanse em paz. **Amém.**

5. Canto final

A ser entoado no momento da saída do cortejo para a sepultura, podendo este canto ser repetido quantas vezes for necessário, durante o trajeto:

Ao Paraíso, é hora, é hora!
Um Anjo te conduza ao Paraíso,
é hora, é hora!

No Paraíso, é hora, é hora!
Um Mártir, ao chegares, te acolha,
é hora, é hora!

Jerusalém, é hora, é hora!
Já vais entrando na cidade santa,
é hora, é hora!

III – SEPULTAMENTO

Como Deus chamou para junto de si nosso(a) irmão(ã) N.,
entreguemos seu corpo à terra de onde veio.
O Cristo, ressuscitado e primogênito dentre os mortos,
há de transformá-lo à imagem do seu corpo glorioso.

1. Leitura bíblica – Ap 14,13

Leitura do Livro do Apocalipse de São João
Eu, João, ouvi uma voz vinda do céu, que dizia:
"Escreve: Ditosos os mortos, os que desde agora morrem no Senhor. Sim, diz o Espírito, que eles descansem
de suas fadigas, pois suas obras os acompanham".

Palavra do Senhor. **Graças a Deus.**

2. Oração sobre a sepultura

Senhor Jesus Cristo, permanecendo três dias no sepulcro,
santificaste os túmulos dos teus fiéis,
e nos deste a esperança na vida eterna.
Que N. descanse em paz
e participe da tua gloriosa ressurreição.
Tu que és Deus com o Pai e o Espírito Santo. **Amém.**

3. Deposição do corpo na sepultura

Depois de colocado o corpo na sepultura, quem preside diz a seguinte
oração:

Ó Deus, o teu amor vale mais do que a vida!
Agora que entregamos à terra
o corpo de nosso(a) irmão(ã) N., nós te pedimos:
dá-lhe participar da vitória do Cristo,
que morrendo destruiu a morte
e ressurgindo deu-nos nova vida.
A ele, a glória pelos séculos. **Amém.**

Descanso eterno, dá-lhe, Senhor!
Da luz perpétua, o resplendor.
Conforme o costume do lugar, os presentes poderão depositar flores, jogar terra sobre o caixão etc.

4. Canto final

1. Tua companhia seja, irmão(ã), nesta hora,
Maria, a mãe que a seu Filho implora.
Bem-aventurado quem está na glória!

2. Tua companhia seja, irmão(ã), nesta hora,
Maria, a mãe que por todos ora.
Bem-aventurado quem está na glória!

3. Tua companhia seja, irmão(ã), nesta hora,
Maria, a mãe que seu Filho adora.
Bem-aventurado quem está na glória!

PÁSCOA DE UMA PESSOA APÓS LONGA ENFERMIDADE

I – VELÓRIO

1. Chegada

No momento da celebração, se o espaço permitir, sugerir aos parentes e amigos(as) que se aproximem do caixão.

Refrão meditativo

Bem-aventurado entre os mortos
quem adormeceu no Senhor,
/:repousar de suas fadigas vai
quem por Deus viveu, no labor!:/ (Ap 14,13)

2. Abertura

– Vem, ó Deus da vida, vem nos ajudar! (bis)
Vem, não demores mais, vem nos libertar! (bis)
– A ti, ó meu Deus, o teu povo canta, (bis)
as suas preces ouves na cidade santa. (bis)
– Como é feliz quem vai habitar (bis)
em tua casa, ó Pai, há de se alegrar! (bis)
– O descanso eterno dá-lhe, ó Senhor! (bis)
Eternamente goze do teu esplendor. (bis)

3. Recordação da vida

Aqui nos encontramos reunidos
em torno de nosso(a) irmã(o) N., que encerrou

sua caminhada entre nós, após longo sofrimento.
Coloquemos nas mãos de Deus a nossa dor
e recordemos o bem que N. pôde realizar em sua vida.

Quem preside, se oportuno, convida a assembleia a trazer lembranças a respeito da vida e do testemunho de fé da pessoa falecida. Concluir com a oração que segue:

Oração

Ó Deus, glória dos fiéis e vida dos justos,
nós te bendizemos pela vida de N.
e pelo seu testemunho de fidelidade ao teu amor.
Junto de ti, ele(a) possa viver em plenitude o que,
em sua vida na terra, professou pela fé.
Por Cristo, nosso Senhor. **Amém.**

4. Salmo 116(115)

Agradeçamos a Deus que mostra seu amor e sua fidelidade, e nos acolhe na Jerusalém celeste.
Esperamos o Senhor,
Cristo, nosso Salvador,
/:pobre corpo mudará,
feito o seu resplenderá!:/

1. Mantive a **fé** mesmo ao diz**er**: "Estou per**di**do!".
Em minha an**gús**tia eu disse: "**To**dos são fin**gi**dos!".
– Como é que **vou** retribuir ao meu Senhor
tudo de **bom** que ele por mim realizou?...

2. Vou levan**tar** a taça da libertação,
invoca**rei** seu santo nome em oração!
– Eu vou cum**prir** minhas promessas ao Senhor,
e na pre**sen**ça do seu povo, meu louvor!

3. Irrepar**á**vel é a morte dos seus santos.
É uma **per**da: a seus olhos valem tanto!
– De tua **ser**va filho sou, teu servidor,
tu me que**bras**te as algemas, ó Senhor!

4. Eu te ofe**re**ço um sacrifício de louvor,
ao invo**car** teu nome santo, ó Senhor!
– Eu vou cum**prir** minhas promessas ao Senhor,
e na pre**sen**ça do seu povo, meu louvor!

5. Maravi**lha**do nesta casa do Senhor,
dentro de **ti,** Jerusalém, o meu louvor!
– Ao Pai a **gló**ria e ao seu Filho, Jesus Cristo,
glória tam**bém** a quem dos dois é o Espírito!

Oração silenciosa... Repetição de frases ou palavras do salmo, intercalando com breve silêncio...

Oração sálmica

Ó Pai, consideras irreparável
a morte dos teus filhos e filhas.
Renova em nós a fé em Jesus, vencedor da morte.
Por ele, nós te pedimos, na unidade do Espírito Santo.
Amém.

5. Primeira leitura – Sb 3,1-9

Leitura do Livro da Sabedoria

A vida dos justos está nas mãos de Deus, e nenhum tormento os atingirá. Aos olhos dos insensatos parecem ter morrido; sua saída do mundo foi considerada uma desgraça e sua partida do meio de nós, uma destruição, mas eles estão na paz. Aos olhos humanos parecem ter sido castigados, mas sua esperança é cheia de imortalidade. Tendo sofrido leves correções, serão cumulados de grandes bens, porque Deus os pôs à prova e os achou dignos de si. Provou-os como se prova o ouro na fornalha, e aceitou-os como ofertas de holocausto; no tempo do seu julgamento hão de brilhar, como centelhas que correm no meio da palha; vão julgar as nações e dominar os povos, e o Senhor será o seu rei para sempre. Os que nele confiam compreenderão a verdade, e os que perseveram no amor descansarão junto a ele. Pois a graça e a misericórdia são para seus santos e a visita divina é para os seus eleitos.

Palavra do Senhor. **Graças a Deus.**

6. Salmo responsorial – Sl 119(118)

**Os sofrimentos do tempo presente
não têm proporção com a glória,
/:que deverá revelar-se em nós.:/** (Rm 8,18)

1. Clamo de **to**do cora**ção**: Senhor, ou**vi**-me!
Quero cum**prir** vossa vontade fielmente!
Clamo a **vós**: Senhor, salvai-me, eu vos suplico,
e en**tão** eu guardarei vossa Aliança!

2. Chego **an**tes que a aurora e vos suplico,
e es**pe**ro confiante em vossa lei.
Os meus **o**lhos antecipam as vigílias,
para de **noi**te meditar vossa palavra.

3. Vós estais **per**to, ó Senhor, perto de mim;
todos os **vos**sos mandamentos são verdade!
Desde cri**an**ça aprendi vossa Aliança
que fir**mas**tes para sempre, eternamente.

7. Aclamação ao Evangelho

Aleluia, aleluia, aleluia,
Aleluia, aleluia, aleluia.
Tanto Deus amou o mundo que lhe deu seu próprio Filho;
todo aquele que crer nele terá a vida eterna (Jo 3,16).
Na Quaresma:

Louvor e glória a ti, Senhor,
que hoje nos chama a partilhar,
a partilhar da sua luz!
Eu sou a ressurreição e a vida, disse o Senhor:
quem crê em mim não morrerá para sempre (Jo 11,25a-26).

8. Evangelho – Jo 12,23-28

– O Senhor esteja com vocês!
Ele está no meio de nós!
– Proclamação do Evangelho de Jesus Cristo segundo João.
Glória a vós, Senhor!
    Naquele tempo disse Jesus a seus discípulos: "Chegou a hora em que o Filho do Homem vai ser glorificado. Em verdade, em verdade, vos digo: se o grão de trigo que cai na terra não morre, fica só. Mas, se morre, produz muito fruto. Quem se apega à sua vida, perde-a; mas quem não faz conta de sua vida neste mundo, há de

guardá-la para a vida eterna. Se alguém quer me servir, siga-me, e onde eu estiver, estará também aquele que me serve. Se alguém me serve, meu Pai o honrará. Sinto agora grande angústia. E que direi? 'Pai, livra-me desta hora'? Mas foi precisamente para esta hora que eu vim. Pai glorifica o teu nome!" Veio, então, uma voz do céu: "Eu já o glorifiquei, e glorificarei de novo".

Palavra da salvação. **Glória a vós, Senhor.**

9. Meditação
Silêncio, homilia...

10. Preces
Irmãos e irmãs, confiantes na promessa da ressurreição, supliquemos ao Senhor, cantando (dizendo):

Escuta-nos, Senhor.

– Ó Cristo, vencedor da morte e Senhor da vida, concede a N. a graça da ressurreição.

– Senhor Jesus, que no Horto das Oliveiras experimentaste a angústia e o medo, ensina-nos a acolher a morte como plenitude da vida.

– Senhor Jesus, que devolveste a vida ao filho da viúva de Naim, consola-nos em nossa dor e enxuga as lágrimas de todos os que choram.

– Ó Cristo, que devolveste a alegria a Marta e Maria com a ressurreição de Lázaro, firma-nos na esperança da ressurreição.

Preces espontâneas...

Atende-nos, ó Cristo, tu, que junto do Pai intercede por nós, na unidade do Espírito Santo. **Amém.**

11. Louvação

Quem preside poderá incensar o corpo, ressaltando a sua dignidade de templo do Espírito Santo e expressando o louvor pascal da assembleia reunida. Se oportuno, poderá ainda retomar algum aspecto já explicitado na recordação da vida ou convidar as pessoas a lembrarem motivos de ação de graças, pela Páscoa do(a) irmão(ã) falecido(a).

– O Senhor esteja com vocês!

Ele está no meio de nós!

– Demos graças ao Senhor, nosso Deus!

É nosso dever e nossa salvação!

1. Oh! Bendito Deus, louvado sejas!
Oh! Bendito sejas por Jesus!
/:Quem 'stiver dormindo acorde
vamos celebrar a luz!:/

2. Oh! Bendito Deus, louvado sejas!
Oh! Bendito, pela salvação!
/:Pois Jesus é a vida eterna,
em Jesus, ressurreição!:/

3. Oh! Bendito Deus, louvado sejas!
Oh! Bendito, eterno, o teu amor!
/:Por Jesus, com Jesus Cristo
suba ao céu nosso clamor!:/

Outras alternativas de louvação: "É bom cantar...", p. 133, ou recitada, p. 134.

Pai nosso...

Nas tuas mãos, Pai de misericórdia,
entregamos nosso(a) irmão(ã) N.,
na firme esperança de que ele ressurgirá
com Jesus Cristo, teu Filho, nosso Senhor. **Amém.**

12. Canto final

1. De Deus os santos, vinde em seu auxílio!
Anjos do Senhor, vinde ao seu encontro!
Acolhei o irmão (a irmã) na eternidade,
onde não há choro, só felicidade!

2. Ó meu irmão (ó minha irmã), Cristo te chamou.
Ele te receba e te acompanhem, Anjos do Senhor.
Acolhei o irmão...

3. Descanso eterno, dai-lhe, ó Senhor,
o repouso eterno e a luz sem fim, o eterno esplendor!
Acolhei o irmão...

II – ENCOMENDAÇÃO E DESPEDIDA

Caso esta celebração seja realizada em momento distinto da anterior (velório), pode-se iniciar a encomendação com o seguinte refrão:

1. Refrão meditativo

Deus enxugará toda lágrima que cai,
a morte já não mata, já não mata;
nem luto, nem choro, nem dor (cf. Ap 21,4).

2. Oração

Quem preside introduz a oração com o seguinte convite:
Conforme o costume cristão,
vamos sepultar o corpo de nosso(a) irmão(ã).

Peçamos a Deus que ressuscite este pobre corpo e acolha N. entre os eleitos. Conduzido(a) pelo Cristo, bom pastor, participe da alegria eterna dos bem-aventurados.

Todos oram em silêncio, enquanto o corpo é aspergido em memória do Batismo, sacramento da nossa participação na morte-ressurreição de Cristo. Quem preside diz a seguinte oração:

Pai misericordioso, em tuas mãos
entregamos nosso(a) irmão(ã) N.
na firme esperança de sua ressurreição.
Em tua misericórdia abre para ele(a) as portas do Paraíso
e a nós que ficamos concede que nos consolemos,
uns aos outros, com as palavras da fé.
Por Cristo, nosso Senhor! **Amém.**

3. Cântico de despedida – Lc 2,29-32

Agora deixa, Senhor,
partir em paz este teu servo
/:segundo quanto prometeste
minha vista contemplou.:/

A salvação que aprontaste
perante os povos do mundo todo
/:pra iluminar os povos todos
luz e glória dos que amaste.:/

4. Bênção

O Deus da paz, que supera todo entendimento, guarde nossas mentes e corações em Cristo Jesus.
Amém.

Que nosso(a) irmão(ã) N., pela misericórdia de Deus, descanse em paz. **Amém.**

5. Canto final

A ser entoado no momento da saída do cortejo para a sepultura, podendo este canto ser repetido quantas vezes for necessário, durante o trajeto:

Ao Paraíso, é hora, é hora!
Um Anjo te conduza ao Paraíso,
é hora, é hora!

No Paraíso, é hora, é hora!
Um Mártir, ao chegares, te acolha,
é hora, é hora!

Jerusalém, é hora, é hora!
Já vais entrando na cidade santa,
é hora, é hora!

III – SEPULTAMENTO

Como Deus chamou para junto de si nosso irmão(ã) N., entreguemos seu corpo à terra de onde veio.
O Cristo, ressuscitado e primogênito dentre os mortos, há de transformá-lo à imagem do seu corpo glorioso.

1. Leitura bíblica – Ap 14,13

Leitura do Livro do Apocalipse de São João

Eu, João, ouvi uma voz vinda do céu, que dizia: "Escreve: Ditosos os mortos, os que desde agora morrem no Senhor. Sim, diz o Espírito, que eles descansem de suas fadigas, pois suas obras os acompanham".

Palavra do Senhor. **Graças a Deus.**

2. Oração sobre a sepultura

Senhor Jesus Cristo, permanecendo três dias no sepulcro,
santificaste os túmulos dos teus fiéis,
e nos deste a esperança na vida eterna.
Que N. descanse em paz
e participe da tua gloriosa ressurreição.
Tu que és Deus com o Pai e o Espírito Santo. **Amém**.

3. Deposição do corpo na sepultura

Depois de colocado o corpo na sepultura, quem preside diz a seguinte oração:

Ó Deus, o teu amor vale mais do que a vida!
Agora que entregamos à terra
o corpo de nosso(a) irmão(ã) N., nós te pedimos:
dá-lhe participar da vitória do Cristo que,
morrendo, destruiu a morte
e ressurgindo deu-nos nova vida.
A ele a glória pelos séculos. **Amém.**

Descanso eterno, dá-lhe, Senhor!
Da luz perpétua, o resplendor.

Conforme o costume do lugar, os presentes poderão depositar flores, jogar terra sobre o caixão etc.

4. Canto final

1. Tua companhia seja irmão(ã), nesta hora,
Maria, a mãe que a seu Filho implora.
Bem-aventurado quem está na glória!

2. Tua companhia seja irmão(ã), nesta hora,
Maria, a mãe que por todos ora.
Bem-aventurado quem está na glória!

3. Tua companhia seja irmão(ã), nesta hora,
Maria, a mãe que seu Filho adora.
Bem-aventurado quem está na glória!

PÁSCOA DE UMA PESSOA JOVEM

I – VELÓRIO

1. Chegada

No momento da celebração, se o espaço permitir, sugerir aos parentes e amigos(as) que se aproximem do caixão.

Refrão meditativo

/:Se nós morremos com Cristo
com ele, viveremos; /:
/:Se mantivermos a fé,
com ele, enfim, reinaremos./: (cf. Tm 2,11-12a)

2. Abertura

– Vem, ó Deus da vida, vem nos ajudar! (bis)
Vem, não demores mais, vem nos libertar! (bis)
– A ti, ó meu Deus, o teu povo canta, (bis)
as suas preces ouves na cidade santa. (bis)
– Como é feliz quem vai habitar (bis)
em tua casa, ó Pai, há de se alegrar! (bis)
– O descanso eterno dá-lhe, ó Senhor! (bis)
Eternamente goze do teu esplendor. (bis)

3. Recordação da vida

Aqui nos encontramos reunidos
em torno de nosso(a) irmão(ã) N.,

que encerrou sua caminhada entre nós.
Coloquemos nas mãos de Deus a nossa dor
e recordemos o bem que N. pôde realizar em sua vida.

Quem preside, se oportuno, convida a assembleia a trazer lembranças a respeito da vida e do testemunho de fé da pessoa falecida. Concluir com a oração que segue:

Oração

Ó Deus, glória dos fiéis e vida dos justos,
nós te bendizemos pela vida de N.
e pelo seu testemunho de fidelidade ao teu amor.
Junto de ti, ele(a) possa viver em plenitude
o que, em sua vida na terra, professou pela fé.
Por Cristo, nosso Senhor. **Amém.**

4. Salmo 118(117)

Agradeçamos ao Senhor pela vitória de Cristo, que nos abriu definitivamente as portas do paraíso e nos libertou da morte.

1. Aleluia, irmãos,
ao Senhor vinde e louvai,
celebrai o Senhor, irmãs,
ele é bom, é bom demais!
Celebrai o Senhor, irmãs,
ele é bom, é bom demais!

2. Na angústia eu clamei
ao Senhor e ele ouviu-me,
minha prece ele escutou,

o Senhor me libertou!
Minha prece ele escutou,
o Senhor me libertou!

3. Minha força e meu canto,
minha força é o Senhor!
Para mim, para mim, irmãos,
o Senhor foi salvação!
Para mim, para mim, irmãos,
o Senhor foi salvação!

4. Levantou-se sua mão,
sua direita levantou-se,
sua direita se levantou,
maravilhas operou!
Sua direita se levantou,
maravilhas operou!

5. Meus irmãos, eu não vou,
eu não vou jamais morrer,
viverei para anunciar
do Senhor seu bem-fazer!
Viverei para anunciar
do Senhor seu bem-fazer!

6. O Senhor me testou,
mas não quis me ver morrer.
Da justiça abri-me as portas,
vou entrar e bendizer!
Da justiça abri-me as portas,
vou entrar e bendizer!

7. Do Senhor é a porta
e os justos vão entrar.
Tu me ouviste e me salvaste,
e por isso eu vou louvar!
Tu me ouviste e me salvaste,
e por isso eu vou louvar!

8. Esta pedra sobrou,
os pedreiros rejeitaram,
mas tornou-se a principal,
todos viram e pasmaram!
Mas tornou-se a principal,
todos viram e pasmaram!

9. O Senhor foi quem fez,
vejam quanta maravilha!
Eis o Dia do Senhor,
exultemos de alegria!
Eis o Dia do Senhor,
exultemos de alegria!

10. Glória a Deus, nosso Pai,
e a seu Filho, que é Jesus!
E ao Espírito Divino!
Que me dê a eterna luz!
E ao Espírito Divino!
Que me dê a eterna luz!

Na Quaresma: Alegria, irmãos! (No lugar de "Aleluia, irmãos").

Oração silenciosa... Repetição de frases ou palavras do salmo, intercalando com breve silêncio...

Oração sálmica

Ó Pai, rico em misericórdia,
socorreste Jesus em sua morte e foste seu Salvador.
Faze brilhar sobre nós a luz da ressurreição
e renova em nós a esperança na vida eterna.
Tu que és o autor da vida, Deus da nossa salvação.
Por Cristo, Senhor nosso. **Amém.**

5. Primeira leitura – Sb 4,7-9.13-15

Leitura do Livro da Sabedoria

O justo, ainda que morra prematuramente, encontrará descanso. A velhice venerável não é a de uma longa duração e nem se mede pelo número dos anos; o bom senso equivale aos cabelos brancos, uma vida sem mancha, à idade avançada. Tendo alcançado em pouco tempo a perfeição, completou uma longa carreira: sua alma era agradável ao Senhor que, por isso, se apressou em tirá-lo do meio da maldade. A graça e a misericórdia são para os eleitos do Senhor, e ele intervém em favor de seus santos.

Palavra do Senhor. **Graças a Deus.**

6. Salmo responsorial – Sl 24(23)

**Felizes os de coração puro,
porque verão a Deus. (bis)**

1. Ao Se**nhor** pertence a **ter**ra e o que ela en**cer**ra,
o mundo in**tei**ro com os **se**res que o povo**am**;

porque **el**e a tornou **fir**me sobre os **ma**res
e sobre a **ter**ra a man**tém** inabal**ável**.

2. "Quem subi**rá** até o **mon**te do Se**nhor**,
quem fica**rá** em sua **san**ta habita**ção**?
Quem tem mãos **pu**ras e ino**cen**te o cora**ção**,
nem jura **fal**so para o **da**no de seu **pró**ximo."

3. Sobre **es**te desce a **bên**ção do Se**nhor**
e a recom**pen**sa de seu **Deus** e Salva**dor**.
"É as**sim** a gera**ção** dos que o pro**cu**ram
e do **Deus** de Isra**el** buscam a **fa**c**el**!"

7. Aclamação ao Evangelho

Aleluia, aleluia, aleluia,
aleluia, aleluia, aleluia.
Aleluia, aleluia, aleluia.

"Eu sou a ressurreição e a vida", disse o Senhor.
"Quem vive e crê em mim não morrerá para sempre" (Jo 11,25a.26).

Na Quaresma:
/: **Louvor e glória nós te damos, ó Senhor!:/**
/: **Pois tu és nossa Páscoa, nossa vida, nosso Deus Li-**
bertador! :/
Tanto Deus amou o mundo que lhe deu seu próprio Filho;
todo aquele que crer nele terá a vida eterna (Jo 3,16).

8. Evangelho – Lc 7,11-17

– O Senhor esteja com vocês!
Ele está no meio de nós!

– Proclamação do Evangelho de Jesus Cristo segundo João.

Glória a vós, Senhor!

Jesus foi a uma cidade chamada Naim. Os seus discípulos e uma grande multidão iam com ele. Quando chegou à porta da cidade, coincidiu que levavam um morto para enterrar, um filho único, cuja mãe era viúva. Uma grande multidão da cidade a acompanhava. Ao vê--la, o Senhor encheu-se de compaixão por ela e disse: "Não chores!". Aproximando-se, tocou no caixão, e os que o carregavam pararam. Ele ordenou: "Jovem, eu te digo, levanta-te!". O que estava morto sentou-se e começou a falar. E Jesus o entregou à sua mãe. Todos ficaram tomados de temor e glorificavam a Deus dizendo: "Um grande profeta surgiu entre nós", e: "Deus veio visitar o seu povo". Esta notícia se espalhou por toda a Judeia e pela redondeza inteira.

Palavra da Salvação. **Glória a vós, Senhor.**

9. Meditação

Silêncio, homilia...

10. Preces

Irmãos e irmãs, confiantes na promessa da ressurreição, supliquemos ao Senhor, cantando (dizendo):

Escuta-nos, Senhor da glória.

– Ó Cristo, vencedor da morte e Senhor da vida, concede a N. a graça da ressurreição.

– Senhor Jesus, que no Horto das Oliveiras experimentaste a angústia e o medo, ensina-nos a acolher a morte como plenitude da vida.

– Senhor Jesus, que devolveste a vida ao filho da viúva de Naim, consola-nos em nossa dor e enxuga as lágrimas de todos os que choram.

– Ó Cristo, que devolveste a alegria a Marta e Maria com a ressurreição de Lázaro, firma-nos na esperança da ressurreição.

Preces espontâneas...

Atende-nos, ó Cristo, tu, que junto do Pai intercede por nós, na unidade do Espírito Santo. **Amém.**

11. Louvação

Quem preside poderá incensar o corpo, ressaltando a sua dignidade de templo do Espírito Santo e expressando o louvor pascal da assembleia reunida. Se oportuno, poderá ainda retomar algum aspecto já explicitado na recordação da vida ou convidar as pessoas a lembrarem motivos de ação de graças, pela Páscoa do(a) irmão(ã) falecido(a).

– O Senhor esteja com vocês!
Ele está no meio de nós!
– Demos graças ao Senhor, nosso Deus!
É nosso dever e nossa salvação!

1. Oh! Bendito Deus, louvado sejas!
Oh! Bendito sejas por Jesus!
/:Quem 'stiver dormindo acorde
vamos celebrar a luz!:/

2. Oh! Bendito Deus, louvado sejas!
Oh! Bendito, pela salvação!
/:Pois Jesus é a vida eterna,
em Jesus, ressurreição!:/

3. Oh! Bendito Deus, louvado sejas!
Oh! Bendito, eterno, o teu amor!
/:Por Jesus, com Jesus Cristo
suba ao céu nosso clamor!:/

Outras alternativas de louvação: "É bom cantar...", p. 133, ou recitada, p. 134.

Pai nosso...

Em tuas mãos, Pai de misericórdia,
entregamos nosso(a) irmão(ã) N.,
na firme esperança de que ele ressurgirá
com Jesus Cristo, teu Filho, nosso Senhor. **Amém**.

12. Canto final

1. De Deus os santos, vinde em seu auxílio!
Anjos do Senhor, vinde ao seu encontro!
**Acolhei o irmão (a irmã) na eternidade,
onde não há choro, só felicidade!**

2. Ó meu irmão (ó minha irmã), Cristo te chamou.
Ele te receba e te acompanhem Anjos do Senhor.
Acolhei o irmão...

3. Descanso eterno, dai-lhe, ó Senhor,
o repouso eterno e a luz sem fim, o eterno esplendor!
Acolhei o irmão...

II – ENCOMENDAÇÃO E DESPEDIDA

Caso esta celebração seja realizada em momento distinto da anterior (velório), pode-se iniciar a encomendação com o seguinte refrão:

1. Refrão meditativo

Somos todos cidadãos do céu:
Desde já, aguardamos Jesus Cristo,
o Salvador (cf. Fl 3,20).

2. Oração

Quem preside introduz a oração com o seguinte convite:

Conforme o costume cristão,
vamos sepultar o corpo de nosso(a) irmão(ã).
Peçamos a Deus que ressuscite este pobre corpo
e acolha N. entre os eleitos.
Conduzido(a) pelo Cristo, bom pastor,
participe da alegria eterna dos bem-aventurados.

Todos oram em silêncio, enquanto o corpo é aspergido em memória do Batismo, sacramento da nossa participação na morte-ressurreição de Cristo. Quem preside diz a seguinte oração:

Pai misericordioso, em tuas mãos,
entregamos nosso(a) irmão(ã) N.
na firme esperança de sua ressurreição.
Em tua misericórdia
abre para ele(a) as portas do Paraíso
e a nós que ficamos concede que nos consolemos,
uns aos outros, com as palavras da fé.
Por Cristo, nosso Senhor! **Amém.**

3. Cântico de despedida – Lc 2,29-32

Agora deixa, Senhor,
partir em paz este teu servo
/:segundo quanto prometeste
minha vista contemplou.:/

A salvação que aprontaste
perante os povos do mundo todo
/:pra iluminar os povos todos
luz e glória dos que amaste.:/

4. Bênção

O Deus da paz, que supera todo entendimento, guarde
nossas mentes e corações em Cristo Jesus.
Amém.
Que nosso(a) irmão(ã) N., pela misericórdia de Deus,
descanse em paz. **Amém.**

5. Canto final

A ser entoado no momento da saída do cortejo para a sepultura, podendo este canto ser repetido quantas vezes for necessário, durante
o trajeto:

Ao Paraíso, é hora, é hora!
Um Anjo te conduza ao Paraíso,
é hora, é hora!

No Paraíso, é hora, é hora!
Um Mártir, ao chegares, te acolha,
é hora, é hora!

Jerusalém, é hora, é hora!
Já vais entrando na cidade santa,
é hora, é hora!

III – SEPULTAMENTO

Como Deus chamou para junto de si nosso(a) irmão(ã) N.,
entreguemos seu corpo à terra de onde veio.
O Cristo, ressuscitado e primogênito dentre os mortos,
há de transformá-lo à imagem do seu corpo glorioso.

1. Leitura bíblica – Ap 14,13

Leitura do Livro do Apocalipse de São João

Eu, João, ouvi uma voz vinda do céu, que dizia:
"Escreve: Ditosos os mortos, os que desde agora morrem no Senhor. Sim, diz o Espírito, que eles descansem
de suas fadigas, pois suas obras os acompanham".

Palavra do Senhor. **Graças a Deus.**

2. Oração sobre a sepultura

Senhor Jesus Cristo, permanecendo três dias no sepulcro,
santificaste os túmulos dos teus fiéis
e nos deste a esperança na vida eterna.
Que N. descanse em paz
e participe da tua gloriosa ressurreição.
Tu que és Deus com o Pai e o Espírito Santo. **Amém.**

3. Deposição do corpo na sepultura

Depois de colocado o corpo na sepultura, quem preside diz a seguinte
oração:

Ó Deus, o teu amor vale mais do que a vida!
Agora que entregamos à terra

o corpo de nosso(a) irmão(ã) N., nós te pedimos:
dá-lhe participar da vitória do Cristo, que
morrendo destruiu a morte
e ressurgindo deu-nos nova vida.
A ele a glória pelos séculos. **Amém.**

Descanso eterno, dá-lhe, Senhor!
Da luz perpétua, o resplendor.

Conforme o costume do lugar, os presentes poderão depositar flores, jogar terra sobre o caixão etc.

4. Canto final

1. Tua companhia seja, irmão(ã), nesta hora,
Maria, a mãe que a seu Filho implora.
Bem-aventurado quem está na glória!

2. Tua companhia seja, irmão(ã), nesta hora,
Maria, a mãe que por todos ora.
Bem-aventurado quem está na glória!

3. Tua companhia seja, irmão(ã), nesta hora,
Maria, a mãe que seu Filho adora.
Bem-aventurado quem está na glória!

PÁSCOA DE UM(A) RELIGIOSO(A)

I – VELÓRIO

1. Chegada

No momento da celebração, se o espaço permitir, sugerir aos parentes e amigos(as) que se aproximem do caixão.

Refrão meditativo

Bem-aventurado entre os mortos
quem adormeceu no Senhor,
/:repousar de suas fadigas vai
quem por Deus viveu, no labor!:/ (Ap 14,13)

2. Abertura

– Vem, ó Deus da vida, vem nos ajudar! (bis)
Vem, não demores mais, vem nos libertar! (bis)
– A ti, ó meu Deus, o teu povo canta, (bis)
as suas preces ouves na cidade santa. (bis)
– Como é feliz quem vai habitar (bis)
em tua casa, ó Pai, há de se alegrar! (bis)
– O descanso eterno dá-lhe, ó Senhor! (bis)
Eternamente goze do teu esplendor. (bis)

3. Recordação da vida

Aqui nos encontramos reunidos
em torno de nosso(a) irmão(ã) N.,

que encerrou sua caminhada entre nós.

Coloquemos nas mãos de Deus a nossa dor

e recordemos o bem que N. pôde realizar em sua vida.

Quem preside, convida a assembleia a trazer lembranças a respeito da vida e do testemunho de fé do irmão ou irmã falecida. Concluir com a oração que segue:

Oração

Ó Deus, glória dos fiéis e vida dos justos,

nós te bendizemos pela vida de N.

e pelo seu testemunho de fidelidade ao teu amor.

Junto de ti, ele(a) possa viver em plenitude

o que, em sua vida na terra, professou pela fé.

Por Cristo, nosso Senhor. **Amém.**

4. Salmo 42(41)

Quem tem sede, venha e receba, de graça, a água da vida (Ap 22,17).

Quando hei de ver a eterna luz, a eterna luz?

1. As**sim** como a **cor**ça suspira
pelas **á**guas cor**ren**tes,
sus**pi**ra igualmente minh'**al**ma
por **vós**, ó meu **Deus**!

2. Minha **al**ma tem sede de Deus,
e de**se**ja o Deus vivo.
Quando te**rei** a alegria de ver
a **fa**ce de Deus?

3. Pere**gri**no e feliz caminhando
para a **ca**sa de Deus,

entre **gri**tos, louvor e alegria
da multi**dão** jubilosa.

4. Que o Se**nhor** me conceda de dia
sua **gra**ça benigna
e de **noite**, cantando, eu bendigo
ao meu **Deus**, minha vida.

5. Por **que** te entristeces, minh'alma,
a ge**mer** no meu peito?
Espera em **Deus**! Louvarei novamente
o meu **Deus** Salvador!

Ou (na Páscoa de uma religiosa):

Quando irei te ver, ó Divino esposo? Vem, Senhor, Jesus!

Oração silenciosa... Repetição de frases ou palavras do salmo, intercalando com breve silêncio...

Oração sálmica

Senhor Jesus, fonte de água viva a jorrar no deserto desta vida para a alegria dos que procuram a Deus. Faze que nosso(a) irmão(ã) seja plenamente saciado(a) por esta água e goze eternamente da tua presença. Tu que és Deus, com o Pai, na unidade do Espírito Santo. **Amém.**

5. Salmo 63(62)

Melodia: *Hinário Litúrgico* 3, pp. 148-149.

Senhor, nos criastes para vós, e nosso coração não descansará enquanto não repousar em vós (Santo Agostinho).

Ou (religiosa):

Chegou as núpcias do Cordeiro, a esposa está pronta, como o sol ela brilha com veste resplandecente (cf. Ap 19,7-8).

A minh'alma tem sede de vós,
como a terra sedenta, ó meu Deus.

1. Sois **vós**, ó Se**nhor**, o meu **Deus**!
Desde a au**ror**a, ansioso vos busco!
A minh'**al**ma tem sede de vós,
como **ter**ra se**den**ta e sem **águ**a!

2. Venho, ass**im**, contem**plar**-vos no **tem**plo,
para **ver** vossa **gló**ria e po**der**.
Vosso **amor** vale mais do que a vida,
e por **i**sso meus lábios vos louvam.

3. Quero, ass**im**, vos lou**var** pela **vi**da
e ele**var** para **vós** minhas **mão**s!
A minh'**al**ma se**rá** saciada
como em **gran**de banque**te** de **fe**sta.

4. Canta**rá** ale**gri**a em meus **lá**bios,
ao cant**ar** para **vós** meu lou**vor**.
Penso em **vós** no meu **lei**to, de **no**ite,
nas vi**gí**lias suspiro por vós!

5. Para **mim** fostes sempre um socorro;
de vossas **a**sas à sombra eu exulto!
Glória ao **Pa**i e ao **Fi**lho e ao **San**to Espírito,
como **er**a no princí**pio**, agora e **se**mpre.

Oração silenciosa... Repetição de frases ou palavras do salmo, intercalando com breve silêncio...

Oração sálmica

Ó Deus, fonte de amor,
criado para vós, o nosso coração não descansará
enquanto não repousar em vós.
Vinde em socorro da nossa irmã (nosso irmão),
dai-lhe o eterno descanso
e a plena alegria em vossa presença.
Por Cristo, nosso Senhor. **Amém.**

6. Primeira leitura – 1Jo 3,1-2

Leitura da Primeira Epístola de São João.

Vede que grande presente de amor o Pai nos deu: sermos chamados filhos de Deus! E nós o somos. Se o mundo não nos conhece, é porque não conheceu o Pai. Caríssimos, desde já somos filhos de Deus, mas nem sequer se manifestou o que seremos! Sabemos que, quando Jesus se manifestar, seremos semelhantes a ele, porque o veremos tal como ele é.

Palavra do Senhor. **Graças a Deus.**

7. Salmo responsorial – 1Tm 3,16

Melodia, *Hinário Litúrgico* 4, p. 239.

Cristo será engrandecido no meu corpo,
pela vida ou pela morte.
Pois para mim o viver é Cristo
e o morrer é apenas lucro! (Fl 1,20-21).

1. O Senhor manifestou-se em nossa carne
e foi por Deus justificado. – Pois para mim...

2. O Senhor foi contemplado pelos anjos,
e anunciado entre as nações. – Pois para mim...

3. O Senhor, no mundo inteiro foi aceito
e por Deus Pai foi exaltado. – Pois para mim...

**Cristo será engrandecido no meu corpo,
pela vida ou pela morte.
Pois para mim o viver é Cristo
e o morrer é apenas lucro!**

8. Aclamação ao Evangelho

S: Aleluia, aleluia!
T: Aleluia, aleluia!
S: Aleluia, aleluia, aleluia!
T: Aleluia, aleluia, aleluia!
"Eu sou a ressurreição e a vida", disse o Senhor.
"Quem vive e crê em mim não morrerá para sempre" (Jo 11,25a.26).

Na Quaresma:

**Louvor e glória a ti, Senhor Jesus,
tua Palavra é fonte de eterna luz!**
"Venham benditos de meu Pai", disse o Senhor.
"Tomem posse do Reino preparado para vocês,
desde a criação do mundo."

9. Evangelho – Mt 11,25-30

– O Senhor esteja com vocês!
Ele está no meio de nós!

– Proclamação do Evangelho de Jesus Cristo segundo João.

Glória a vós, Senhor!

Naquele tempo, Jesus pronunciou estas palavras: "Eu te louvo, Pai, Senhor do céu e da terra, porque escondeste estas coisas aos sábios e entendidos e as revelaste aos pequeninos. Sim, Pai, assim foi do teu agrado. Tudo me foi entregue por meu Pai, e ninguém conhece o Filho, senão o Pai, e ninguém conhece o Pai, senão o Filho, e aquele a quem o Filho o quiser revelar. Vinde a mim, todos vós que estais cansados e carregados de fardos, e eu vos darei o descanso. Tomai sobre vós o meu jugo e sede discípulos meus, porque sou manso e humilde de coração; e encontrareis descanso para vós: pois o meu jogo é suave, e o meu fardo é leve".

Palavra da salvação. **Glória a vós, Senhor.**

10. Meditação

Silêncio, homilia...

11. Preces

Irmãos e irmãs, confiantes na promessa da ressurreição, supliquemos ao Senhor, cantando (dizendo):

Escuta-nos, Senhor da glória.

– Ó Cristo, vencedor da morte e Senhor da vida, concede a N. a graça da ressurreição.

– Ó Cristo, que devolveste a alegria a Marta e Maria com a ressurreição de Lázaro, firma-nos na esperança da ressurreição.

– Ó Cristo, princípio e fim, nosso caminho, dá-nos acolher a nossa morte como plenitude de vida e comunhão.

Preces espontâneas...

Atende-nos, ó Cristo, tu, que junto do Pai intercede por nós, na unidade do Espírito Santo. **Amém.**

12. Louvação

Quem preside poderá incensar o corpo, ressaltando a sua dignidade de templo do Espírito Santo e expressando o louvor pascal da assembleia reunida. Se oportuno, poderá ainda retomar algum aspecto já explicitado na recordação da vida ou convidar as pessoas a lembrarem motivos de ação de graças, pela Páscoa do(a) irmão(ã) falecido(a).

– O Senhor esteja com vocês!
Ele está no meio de nós!
– Demos graças ao Senhor, nosso Deus!
É nosso dever e nossa salvação!

1. Oh! Bendito Deus, louvado sejas!
Oh! Bendito sejas por Jesus!
/:Quem 'stiver dormindo acorde,
vamos celebrar a luz!:/

2. Oh! Bendito Deus, louvado sejas!
Oh! Bendito, pela salvação!
/:Pois Jesus é a vida eterna,
em Jesus, ressurreição!:/

3. Oh! Bendito Deus, louvado sejas!
Oh! Bendito, eterno, o teu amor!
/:Por Jesus, com Jesus Cristo,
suba ao céu nosso clamor!:/

Outras alternativas de louvação: "É bom cantar...", p. 133, ou recitada, p. 134.

Pai nosso...
Nas tuas mãos, Pai de misericórdia,
entregamos nosso(a) irmão(ã) N.,
na firme esperança de que ele ressurgirá com Jesus Cristo,
teu Filho, nosso Senhor. **Amém.**

13. Canto final

1. De Deus os santos, vinde em seu auxílio!
Anjos do Senhor, vinde ao seu encontro!
Acolhei o irmão (a irmã) na eternidade,
onde não há choro, só felicidade!

2. Ó meu irmão (ó minha irmã), Cristo te chamou.
Ele te receba e te acompanhem Anjos do Senhor.
Acolhei o irmão...

3. Descanso eterno, dai-lhe, ó Senhor,
o repouso eterno e a luz sem fim, o eterno esplendor!
Acolhei o irmão...

II – ENCOMENDAÇÃO E DESPEDIDA

1. Refrão meditativo

Caso esta celebração seja realizada em momento distinto da anterior (velório), pode-se iniciar a encomendação com o seguinte refrão:

Bendito seja o Senhor Deus,
Deus e Pai do Salvador.

/:Pai misericordioso,
Deus e Pai consolador:/ (cf. 2Cor 1,3-4a).

2. Oração

Quem preside introduz a oração com o seguinte convite:

Conforme o costume cristão,
vamos sepultar o corpo de nosso(a) irmão(ã).
Peçamos a Deus que ressuscite este pobre corpo
e acolha N. entre os eleitos.
Conduzido(a) pelo Cristo, bom pastor,
participe da alegria eterna dos bem-aventurados.

Todos oram em silêncio, enquanto o corpo é aspergido em memória do Batismo, sacramento da nossa participação na morte-ressurreição de Cristo. Quem preside diz a seguinte oração:

Pai misericordioso, em tuas mãos
entregamos nosso(a) irmão(ã) N.
na firme esperança de sua ressurreição.
Em tua misericórdia
abre para ele(a) as portas do Paraíso
e a nós que ficamos concede que nos consolemos,
uns aos outros, com as palavras da fé.
Por Cristo, nosso Senhor! **Amém.**

3. Cântico de despedida – Lc 2,29-32

Agora deixa, Senhor,
partir em paz este teu servo
/:segundo quanto prometeste
minha vista contemplou.:/

A salvação que aprontaste
perante os povos do mundo todo
/:pra iluminar os povos todos
luz e glória dos que amaste.:/

4. Bênção

O Deus da paz, que supera todo entendimento, guarde nossas mentes e corações em Cristo Jesus. **Amém.**

Que nosso(a) irmão(a) N., pela misericórdia de Deus, descanse em paz. **Amém.**

5. Canto final

A ser entoado no momento da saída do cortejo para a sepultura, podendo este canto ser repetido quantas vezes for necessário, durante o trajeto:

Ao Paraíso, é hora, é hora!
Um Anjo te conduza ao Paraíso,
é hora, é hora!

No Paraíso, é hora, é hora!
Um Mártir, ao chegares, te acolha,
é hora, é hora!

Jerusalém, é hora, é hora!
Já vais entrando na cidade santa,
é hora, é hora!

III – SEPULTAMENTO

Como Deus chamou para junto de si nosso irmão(ã) N., entreguemos seu corpo à terra de onde veio.

O Cristo, ressuscitado e primogênito dentre os mortos, há de transformá-lo à imagem do seu corpo glorioso.

1. Leitura bíblica – Ap 14,13

Leitura do Livro do Apocalipse de São João

Eu, João, ouvi uma voz vinda do céu, que dizia: "Escreve: Ditosos os mortos, os que desde agora morrem no Senhor. Sim, diz o Espírito, que eles descansem de suas fadigas, pois suas obras os acompanham".

Palavra do Senhor. **Graças a Deus.**

2. Oração sobre a sepultura

Senhor Jesus, permanecendo três dias no sepulcro,
santificaste os túmulos dos teus fiéis,
e nos deste a esperança na vida eterna.
Que N. descanse em paz
e participe da tua gloriosa ressurreição.
Tu que és Deus com o Pai e o Espírito Santo. Amém.

3. Deposição do corpo na sepultura

Depois de colocado o corpo na sepultura, quem preside diz a seguinte oração:

Ó Deus, o teu amor vale mais do que a vida!
Agora que entregamos à terra
o corpo de nosso(a) irmão(ã) N., nós te pedimos:
dá-lhe participar da vitória do Cristo
que morrendo destruiu a morte
e ressurgindo deu-nos nova vida.
A ele a glória pelos séculos. **Amém.**

Descanso eterno, dá-lhe, Senhor!
Da luz perpétua, o resplendor.

Conforme o costume do lugar, os presentes poderão depositar flores, jogar punhados de terra sobre o caixão etc.

4. Canto final

1. Tua companhia seja, irmão(ã), nesta hora,
Maria, a mãe que a seu Filho implora.
Bem-aventurado quem está na glória!

2. Tua companhia seja, irmão(ã), nesta hora,
Maria, a mãe que por todos ora.
Bem-aventurado quem está na glória!

3. Tua companhia seja, irmão(ã), nesta hora,
Maria, a mãe que seu Filho adora.
Bem-aventurado quem está na glória!

PÁSCOA DE UMA PESSOA VÍTIMA DE MORTE VIOLENTA

I – VELÓRIO

1. Chegada

No momento da celebração, se o espaço permitir, sugerir aos parentes e amigos(as) mais próximos que se aproximem do caixão.

Refrão meditativo

/:Se nós morremos com Cristo,
com ele viveremos; /:
/:Se mantivermos a fé,
com ele, enfim, reinaremos./: (cf. Tm 2,11-12a)

2. Abertura

– Vem, ó Deus da vida, vem nos ajudar! (bis)
Vem, não demores mais, vem nos libertar! (bis)
– A ti, ó meu Deus, o teu povo canta, (bis)
as suas preces ouves na cidade santa. (bis)
– Como é feliz quem vai habitar (bis)
em tua casa, ó Pai, há de se alegrar! (bis)
– O descanso eterno dá-lhe, ó Senhor! (bis)
Eternamente goze do teu esplendor. (bis)

3. Recordação da vida

Aqui nos encontramos reunidos
em torno de nosso(a) irmão(ã) N.,
que encerrou sua caminhada entre nós.
Coloquemos nas mãos de Deus a nossa dor
e recordemos o bem que N. pôde realizar em sua vida.

Quem preside, se oportuno, convida a assembleia a trazer lembranças
a respeito da vida e do testemunho de fé da pessoa falecida. Concluir
com a oração que segue:

Oração

Ó Deus, glória dos fiéis e vida dos justos,
nós te bendizemos pela vida de N.
e pelo seu testemunho de fidelidade ao teu amor.
Junto de ti, ele(a) possa viver em plenitude
o que, em sua vida na terra, professou pela fé.
Por Cristo, nosso Senhor. **Amém.**

4. Salmo 31(30)

Que o Senhor atenda o clamor que elevamos neste momento, unindo-nos à intercessão de Jesus Cristo junto ao Pai.

Eu sou a ressurreição
e a vida, a vida eu sou irmão!
Todo aquele que em mim creia
se morrer pra sempre viva (Jo 11,25-26).

1. Junto de **ti**, ó Se**nhor**, eu me **abri**go,
não tenha **eu** de que **me** envergo**nhar**;

por tua jus**ti**ça me **sal**va e teu ou**vi**do
ouça meu **gri**to: "Vem **lo**go liber**tar**!".

2. Sê para **mim** um rochedo firme e forte,
uma mu**ral**ha que sempre me proteja;
por tua **hon**ra, Senhor, vem conduzir-me,
vem desa**tar**-me, és minha fortaleza!

3. Em tuas **mãos** eu entrego o meu espírito,
ó Senhor **Deus**, és tu quem me vai salvar;
tu não su**por**tas quem serve a falsos deuses,
somente em **ti**, ó Senhor, vou confiar!

4. De minha **par**te, Senhor, em ti confio,
tu és meu **Deus**, meu destino, em tuas mãos!
Vem liber**tar**-me de quantos me perseguem,
por teu a**mor**, faz brilhar tua salvação!

5. Glória a Deus **Pai** porque tanto nos amou,
glória a Je**sus** que se deu por nosso bem,
glória ao Di**vi**no, que é fonte deste amor,
nós damos **gló**ria agora e sempre. **Amém.**

Oração silenciosa... Repetição de frases ou palavras do salmo, intercalando com breve silêncio...

Oração sálmica

Deus de bondade e misericórdia,
em Jesus que venceu a morte e a cruz,
redimiste o gênero humano
da escravidão do pecado e de todo mal;
liberta nosso(a) irmão(a) N. de toda culpa;

completa nele(a) a obra do teu amor
e dá-lhe vida e felicidade
no lugar que lhe preparaste em tua casa.
Por Cristo, nosso Senhor. **Amém.**

5. Leitura – Ap 21,3-5a.6b-7

Leitura do Livro do Apocalipse

Ouvi uma voz forte que saía do trono e dizia: "Esta é a morada de Deus-com-os-homens. Ele vai morar junto deles. Eles serão o seu povo, e o próprio Deus-com-eles, será seu Deus. Ele enxugará toda a lágrima dos seus olhos. A morte não existirá mais e não haverá mais luto, nem grito, nem dor, porque as coisas antigas passaram". Aquele que está sentado no trono disse: "Eis que faço novas todas as coisas. Eu sou o Alfa e o Ômega, o Princípio e o Fim. A quem tiver sede, eu darei, de graça, da fonte da água vivificante. Estas coisas serão a herança do vencedor, e eu serei seu Deus, e ele será meu filho".

Palavra do Senhor. **Graças a Deus.**

6. Salmo responsorial – Sl 27(26)

Melodia: *Hinário Litúrgico* 3, p. 133.

O Senhor é minha luz e salvação.
O Senhor é a proteção da minha vida!

1. O Senhor é minha luz e salvação;
de quem eu terei medo?
O Senhor é a proteção da minha vida;
perante quem eu tremerei?

2. Ao Senhor eu peço apenas uma coisa
e é isto que eu desejo:
habitar no santuário do Senhor
por toda a minha vida.

3. Sei que a bondade do Senhor eu hei de ver
na terra dos viventes.
Espera no Senhor e tem coragem,
espera no Senhor.

7. Aclamação ao Evangelho

Aleluia, aleluia, aleluia,
aleluia, aleluia.
Venham benditos de meu Pai, disse o Senhor:
tomem posse do Reino preparado para vocês,
desde a criação do mundo.

Na Quaresma:

Louvor e glória a ti, Senhor Jesus,
tua Palavra é fonte de eterna luz!
"Eu sou a ressurreição e a vida", disse o Senhor.
"Quem vive e crê em mim não morrerá para sempre" (Jo
11,25a.26).

8. Evangelho – Jo 6,37-39

– O Senhor esteja com vocês!
Ele está no meio de nós!
– Proclamação do Evangelho de Jesus Cristo segundo
João.
Glória a vós, Senhor!

Naquele tempo, disse Jesus à multidão dos judeus: "Todo aquele que o Pai me dá, virá a mim, e quem vem a mim eu não o lançarei fora, porque eu desci do céu, não para fazer a minha vontade, mas a vontade daquele que me enviou. E esta é a vontade daquele que me enviou: que eu não perca nenhum daqueles que ele me deu, mas o ressuscite no último dia".

Palavra da salvação. **Glória a vós, Senhor.**

9. Meditação

Silêncio, homilia...

10. Preces

Irmãos e irmãs, confiantes na promessa da ressurreição, supliquemos ao Senhor, cantando (dizendo):

Escuta-nos, Senhor da glória.

– Ó Cristo, vencedor da morte e Senhor da vida, concede a N. a graça da ressurreição.

– Senhor Jesus, que no Horto das Oliveiras experimentaste a angústia e o medo, ensina-nos a acolher a morte como plenitude da vida.

– Senhor Jesus, que devolveste a vida ao filho da viúva de Naim, consola-nos em nossa dor e enxuga as lágrimas de todos os que choram.

– Ó Cristo, que devolveste a alegria a Marta e Maria com a ressurreição de Lázaro, firma-nos na esperança da ressurreição.

Preces espontâneas...

Atende-nos, ó Cristo, tu, que junto do Pai intercede por nós, na unidade do Espírito Santo. **Amém.**

11. Louvação

Quem preside poderá incensar o corpo, ressaltando a sua dignidade de templo do Espírito Santo e expressando o louvor pascal da assembleia reunida. Se oportuno, poderá ainda retomar algum aspecto já explicitado na recordação da vida ou convidar as pessoas a lembrarem motivos de ação de graças, pela Páscoa do(a) irmão(ã) falecido(a).

– O Senhor esteja com vocês!
Ele está no meio de nós!
– Demos graças ao Senhor, nosso Deus!
É nosso dever e nossa salvação!

1. Oh! Bendito Deus, louvado sejas!
Oh! Bendito sejas por Jesus!
/:Quem 'stiver dormindo acorde,
vamos celebrar a luz!:/

2. Oh! Bendito Deus, louvado sejas!
Oh! Bendito, pela salvação!
/:Pois Jesus é a vida eterna,
em Jesus, ressurreição!:/

3. Oh! Bendito Deus, louvado sejas!
Oh! Bendito, eterno, o teu amor!
/:Por Jesus, com Jesus Cristo
suba ao céu nosso clamor!:/

Outras alternativas de louvação: "É bom cantar...", p. 133, ou recitada, p. 134.

Pai nosso...

Nas tuas mãos, Pai de misericórdia,
entregamos nosso(a) irmão(ã) N.,
na firme esperança de que ele(a) ressurgirá
com Jesus Cristo, teu Filho, nosso Senhor. **Amém.**

12. Canto final

1. De Deus os santos, vinde em seu auxílio!
Anjos do Senhor, vinde ao seu encontro!
**Acolhei o irmão (a irmã) na eternidade,
onde não há choro, só felicidade!**

2. Ó meu irmão (ó minha irmã), Cristo te chamou.
Ele te receba e te acompanhem Anjos do Senhor.
Acolhei o irmão...

3. Descanso eterno, dai-lhe, ó Senhor,
o repouso eterno e a luz sem fim, o eterno esplendor!
Acolhei o irmão...

II – ENCOMENDAÇÃO E DESPEDIDA

Caso esta celebração seja realizada em momento distinto da anterior (velório), pode-se iniciar a encomendação com o seguinte refrão:

1. Refrão meditativo

Bendito seja o Senhor Deus,
Deus e Pai do Salvador.
/:Pai misericordioso,
Deus e Pai consolador/: (cf. 2Cor 1,3-4a).

2. Oração

Quem preside introduz a oração com o seguinte convite:

Conforme o costume cristão,
vamos sepultar o corpo de nosso(a) irmão(ã).
Peçamos a Deus que ressuscite este pobre corpo
e acolha N. entre os eleitos.
Conduzido(a) pelo Cristo, bom pastor,
participe da alegria eterna dos bem-aventurados.

Todos oram em silêncio, enquanto o corpo é aspergido em memória do Batismo, sacramento da nossa participação na morte-ressurreição de Cristo. Quem preside diz a seguinte oração:

Pai misericordioso, em tuas mãos
entregamos nosso(a) irmão(ã) N.
na firme esperança de sua ressurreição.
Em tua misericórdia abre para ele(a) as portas do Paraíso
e a nós que ficamos concede que nos consolemos,
uns aos outros, com as palavras da fé.
Por Cristo, nosso Senhor! **Amém.**

3. Cântico de despedida – Lc 2,29-32

Agora deixa, Senhor,
partir em paz este teu servo
/:segundo quanto prometeste
minha vista contemplou.:/

A salvação que aprontaste
perante os povos do mundo todo
/:pra iluminar os povos todos
luz e glória dos que amaste.:/

4. Bênção

O Deus da paz, que supera todo entendimento, guarde nossas mentes e corações em Cristo Jesus. **Amém.**
Que nosso(a) irmão(a) N., pela misericórdia de Deus, descanse em paz. **Amém.**

5. Canto final

A ser entoado no momento da saída do cortejo para a sepultura, podendo este canto ser repetido quantas vezes for necessário, durante o trajeto:

Ao Paraíso, é hora, é hora!
Um Anjo te conduza ao Paraíso,
é hora, é hora!

No Paraíso, é hora, é hora!
Um Mártir, ao chegares, te acolha,
é hora, é hora!

Jerusalém, é hora, é hora!
Já vais entrando na cidade santa,
é hora, é hora!

III – SEPULTAMENTO

Como Deus chamou para junto de si nosso(a) irmão(ã) N.,
entreguemos seu corpo à terra de onde veio.
Cristo, ressuscitado e primogênito dentre os mortos,
há de transformá-lo à imagem do seu corpo glorioso.

1. Leitura bíblica – Ap 14,13

Leitura do Livro do Apocalipse de São João

Eu, João, ouvi uma voz vinda do céu, que dizia: "Escreve: Ditosos os mortos, os que desde agora morrem no Senhor. Sim, diz o Espírito, que eles descansem de suas fadigas, pois suas obras os acompanham".

Palavra do Senhor. **Graças a Deus.**

2. Oração sobre a sepultura

Senhor Jesus Cristo, permanecendo três dias no sepulcro,
santificaste os túmulos dos teus fiéis,
e nos deste a esperança na vida eterna.
Que N. descanse em paz
e participe da tua gloriosa ressurreição.
Tu que és Deus com o Pai e o Espírito Santo. **Amém.**

3. Deposição do corpo na sepultura

Depois de colocado o corpo na sepultura, quem preside diz a seguinte oração:

Ó Deus, o teu amor vale mais do que a vida!
Agora que entregamos à terra
o corpo de nosso(a) irmão(ã) N., nós te pedimos:
dá-lhe participar da vitória do Cristo,
que morrendo destruiu a morte
e ressurgindo deu-nos nova vida.
A ele a glória pelos séculos. **Amém.**

Descanso eterno, dá-lhe, Senhor!
Da luz perpétua, o resplendor.

Conforme o costume do lugar, os presentes poderão depositar flores, jogar terra sobre o caixão etc.

4. Canto final

1. Tua companhia seja, irmão(ã), nesta hora,
Maria, a mãe que a seu Filho implora.
Bem-aventurado quem está na glória!

2. Tua companhia seja, irmão(ã), nesta hora,
Maria, a mãe que por todos ora.
Bem-aventurado quem está na glória!

3. Tua companhia seja, irmão(ã), nesta hora,
Maria, a mãe que seu Filho adora.
Bem-aventurado quem está na glória!

PÁSCOA DE UMA CRIANÇA

I – VELÓRIO

1. Chegada

No momento da celebração, se o espaço permitir, sugerir que os parentes e amigos(as) se aproximem do caixão. Convidar todos à oração.

Refrão meditativo

Bendito seja o Senhor Deus,
Deus e Pai do Salvador.
/:Pai misericordioso,
Deus e Pai consolador:/ (cf. 2Cor 1,3-4a)

2. Abertura

– Vem, ó Deus da vida, vem nos ajudar! (bis)
Vem, não demores mais, vem nos libertar! (bis)
– És a luz que brilha em nossa escuridão, (bis)
tua Palavra, ó Deus, renova a criação! (bis)
– Glória ao Pai e ao Filho e ao Santo Espírito, (bis)
glória à Trindade Santa, glória ao Deus bendito! (bis)
– Como é feliz quem vai habitar (bis)
em tua casa, ó Pai, há de se alegrar! (bis)

3. Recordação da vida

Convite:
N. acaba de chegar entre nós e já devemos dizer adeus.
Diante da sua morte as palavras nos faltam.

Vamos dar as mãos e ficar unidos
diante do mistério que ultrapassa a nossa compreensão;
apresentemos a Deus o silêncio do nosso coração.

Depois de breve silêncio, o(a) ministro(a) continua:

Esta criança foi um anjo de Deus a nos visitar.
Sua passagem entre nós foi breve,
mas o suficiente para despertar amor e ternura.

Se for oportuno, o(a) ministro(a) poderá convidar as pessoas a expressarem seus sentimentos em relação à criança falecida.

Se a criança não foi batizada, lembrar que no momento da morte ela participa do mistério da morte e ressurreição de Jesus. Se a criança não tiver nome, sugerir um nome, de preferência bíblico ou de um(a) santo(a). Depois, conclui com a oração que segue:

Oração

Ó Pai querido, nosso defensor e vida dos inocentes,
nós te bendizemos por N.
Embora tão breve, a sua passagem entre nós
foi sinal do teu amor e da tua beleza.
Complete nele(a) a vida que apenas começou;
que ele(a) encontre em ti a vida em plenitude.
Por Cristo, nosso Senhor. **Amém.**

4. Salmo 8

Adoremos o Cristo ressuscitado, imagem da nova humanidade, primogênito dentre os mortos.

**Felizes os de coração puro,
porque verão a Deus. (bis)**

1. Ó Senhor nosso Deus, como é grande
vosso nome por todo o universo!
Desdobrastes nos céus vossa glória,
com grandeza, esplendor, majestade.

2. O perfeito louvor vos é dado
pelos lábios dos mais pequeninos.
Eis a força que opondes aos maus,
reduzindo o inimigo ao silêncio.

3. Contemplando estes céus que plasmastes
e formastes com dedo de artista.
"O que é, o ser humano, Senhor,
para dele cuidar com desvelo?"

4. Pouco abaixo de Deus o fizeste
coroando de glória e esplendor.
Vós lhe deste poder sobre tudo,
vossas obras aos pés lhe pusestes.

Oração silenciosa... Repetição de frases ou palavras do salmo, intercalando com breve silêncio...

5. Primeira leitura – Rm 14,7-9

Leitura da Carta aos Romanos
     Ninguém dentre nós vive para si mesmo, ou morre
para si mesmo. Se estamos vivos, é para o Senhor que
vivemos, e se morremos, é para o Senhor que morremos.
Portanto, vivos ou mortos pertencemos ao Senhor. Cristo morreu e ressuscitou para ser o Senhor dos mortos e
dos vivos.
Palavra do Senhor. **Graças a Deus.**

6. Salmo responsorial – Sl 25(24)

Melodia: *Hinário Litúrgico* 3, pp. 144/145.

Recordai, Senhor, meu Deus,
vossa ternura e compaixão!

1. Mos**trai**-me, ó Se**nhor**, vossos ca**mi**nhos
e fa**zei**-me conhe**cer** a vossa es**tra**da!
Vossa ver**da**de me ori**en**te e me con**du**za,
porque **sois** o Deus da **mi**nha prote**ção**.

2. Recor**dai**, Senhor meu Deus, vossa ternura
e a **vo**ssa salvação que são eternas.
De mim lem**brai**-vos, porque sois misericórdia
e sois bon**da**de sem limites, ó Senhor.

3. Alivi**ai** meu coração de tanta angústia,
e liber**tai**-me das minhas aflições!
Defen**dei** a minha vida e libertai-me;
pois em **vós** eu coloquei minha esperança!

7. Aclamação ao Evangelho

Aleluia, aleluia, aleluia,
aleluia, aleluia, aleluia.
Aleluia, aleluia, aleluia.
"Eu sou a ressurreição e a vida", disse o Senhor.
"Quem vive e crê em mim não morrerá para sempre" (Jo
11,25a.26).

Na Quaresma:
/:Louvor e glória nós te damos, ó Senhor!:/

/:Pois tu és nossa Páscoa, nossa vida, nosso Deus Libertador!:/

Tanto Deus amou o mundo que lhe deu seu próprio Filho;

todo aquele que crer nele terá a vida eterna (Jo 3,16).

8. Evangelho – Jo 14,1-6

– O Senhor esteja com vocês!

Eles está no meio de nós!

– Proclamação do Evangelho de Jesus Cristo segundo João.

Glória a vós, Senhor!

Naquele tempo, disse Jesus a seus discípulos: "Não se perturbe o vosso coração! Credes em Deus, crede também em mim. Na casa de meu Pai há muitas moradas. Não fosse assim, eu vos teria dito. Vou preparar um lugar para vós. E depois que eu tiver ido e preparado um lugar para vós, voltarei e vos levarei comigo, a fim de que, onde eu estiver, estejais vós também. E para onde eu vou, conheceis o caminho". Tomé disse a Jesus: "Senhor, nós não sabemos para onde vais. Como podemos conhecer o caminho?". Jesus respondeu: "Eu sou o Caminho, a Verdade e a Vida. Ninguém vai ao Pai senão por mim".

Palavra da Salvação. **Graças a Deus.**

9. Meditação

Silêncio, homilia...

10. Preces

Invoquemos o Cristo, nosso Salvador, cantando (dizendo):
Escuta, Senhor, nossa prece.
– Ó Cristo, inocente, morreste para nos livrar da morte. Recebe em teus braços esta criança que chorando te entregamos.
– Ó Cristo, estás próximo de todos os que choram; enxuga as lágrimas dos pais e parentes que choram a morte desta criança.
– Tu venceste o mal e a morte por amor, cura nosso coração de toda dor e dá-nos alegria e serenidade para retomarmos a vida.

Preces espontâneas...

Atende-nos, ó Cristo, tu, que junto do Pai intercede por nós, na unidade do Espírito Santo. **Amém.**

11. Louvação

Quem preside poderá incensar o corpo, ressaltando a sua dignidade de templo do Espírito Santo e expressando o louvor pascal da assembleia reunida. Se oportuno, poderá ainda retomar algum aspecto já explicitado na recordação da vida ou convidar as pessoas a lembrarem motivos de ação de graças, pela Páscoa do(a) irmão(ã) falecido(a).

– O Senhor esteja com vocês!
Ele está no meio de nós!
– Demos graças ao Senhor, nosso Deus!
É nosso dever e nossa salvação!

1. Oh! Bendito Deus, louvado sejas!
Oh! Bendito sejas por Jesus!

/:Quem 'stiver dormindo acorde,
vamos celebrar a luz!:/

2. Oh! Bendito Deus, louvado sejas!
Oh! Bendito, pela salvação!
/:Pois Jesus é a vida eterna,
em Jesus, ressurreição!:/

3. Oh! Bendito Deus, louvado sejas!
Oh! Bendito, eterno, o teu amor!
/:Por Jesus, com Jesus Cristo,
suba ao céu nosso clamor!:/

Outras alternativas de louvação: "É bom cantar...", p. 133, ou recitada, p. 134.

Pai nosso...

Nas tuas mãos, Pai de misericórdia,
entregamos nosso(a) irmão(ã) N., na firme esperança
de que ele(a) ressurgirá com Jesus Cristo,
teu Filho, nosso Senhor. **Amém.**

12. Canto final

1. De Deus os santos, vinde em seu auxílio!
Anjos do Senhor, vinde ao seu encontro!
**Acolhei o irmão (a irmã) na eternidade,
onde não há choro, só felicidade!**

2. Ó meu irmão (ó minha irmã), Cristo te chamou.
Ele te receba e te acompanhem Anjos do Senhor.
Acolhei o irmão...

3. Descanso eterno, dai-lhe, ó Senhor,
o repouso eterno e a luz sem fim, o eterno esplendor!
Acolhei o irmão...

II – ENCOMENDAÇÃO E DESPEDIDA

1. Refrão meditativo

Caso esta celebração seja realizada em momento distinto da anterior (velório), pode-se iniciar a encomendação com o seguinte refrão:

Bendito seja o Senhor Deus,
Deus e Pai do Salvador.
/:Pai misericordioso,
Deus e Pai consolador:/ (cf. 2Cor 1,3-4a)

2. Oração

Para criança batizada:

Quem preside introduz a oração com o seguinte convite:

Conforme o costume cristão,
vamos sepultar o corpo de nosso(a) irmão(ã).
Peçamos a Deus que ressuscite este pobre corpo
e acolha N. entre os eleitos.
Roguemos a Deus que enxugue as lágrimas
do pai e da mãe desta criança,
que esperaram e cuidaram dela com carinho
e agora a entregam nas mãos de Deus.

Todos oram em silêncio, enquanto o corpo é aspergido em memória do Batismo, sacramento da nossa participação na morte-ressurreição de Cristo. Quem preside diz a seguinte oração:

Ó Deus, Senhor do tempo e da eternidade,
colocamos em tuas mãos nosso(a) querido(a) N.,
de quem choramos a morte prematura.
Dá-lhe viver alegria eterna em teu Reino,
onde não haverá mais choro, nem morte,
mas plenitude de paz.
Por Cristo, nosso Senhor! **Amém.**

Para criança não batizada:

Quem preside introduz a oração com o seguinte convite:

Vamos depositar na terra o corpo desta criança,
obra das mãos de Deus, criador e Pai.
Temos a firme confiança de
que ele continuará a obra que começou.
Roguemos que ele console o pai, a mãe
e todas as pessoas que choram a sua partida.

Quem preside diz a oração:

Pai, tu és o criador de tudo
e tudo o que é gerado no amor vem de ti.
Nós entregamos em tuas mãos
esta vida que foi interrompida em seu início.
Reconforta na fé os pais e familiares desta criança,
que a receberam de tua bondade,
cuidaram dela com carinho,
desejaram que fosse batizada
e, hoje, a entregam em tuas mãos,
infinitamente melhores do que as nossas,
confiando que tu cuidarás dela.
Por Cristo, nosso Senhor. **Amém.**

3. Cântico de despedida – Lc 2,29-32

Agora deixa, Senhor,
partir em paz este teu servo
/:segundo quanto prometeste
minha vista contemplou.:/

A salvação que aprontaste
perante os povos do mundo todo
/:pra iluminar os povos todos
luz e glória dos que amaste.:/

4. Bênção

O Deus da paz, que supera todo entendimento, guarde
nossas mentes e corações em Cristo Jesus.
Amém.
Que nosso(a) irmão(a) N., pela misericórdia de Deus,
descanse em paz. **Amém.**

5. Canto final

A ser entoado no momento da saída do cortejo para a sepultura, podendo este canto ser repetido quantas vezes for necessário, durante o trajeto:

Ao Paraíso, é hora, é hora!
Um Anjo te conduza ao Paraíso,
é hora, é hora!

No Paraíso, é hora, é hora!
Um Mártir, ao chegares, te acolha,
é hora, é hora!

Jerusalém, é hora, é hora!
Já vais entrando na cidade santa,
é hora, é hora!

III – SEPULTAMENTO

Como Deus chamou para junto de si nosso(a) irmão(ã) N., entreguemos seu corpo à terra de onde veio.
O Cristo, ressuscitado e primogênito dentre os mortos, há de transformá-lo à imagem do seu corpo glorioso.

1. Leitura bíblica – Ap 14,13

Leitura do Livro do Apocalipse de São João

Eu, João, ouvi uma voz vinda do céu, que dizia: "Escreve: Ditosos os mortos, os que desde agora morrem no Senhor. Sim, diz o Espírito, que eles descansem de suas fadigas, pois suas obras os acompanham".

Palavra do Senhor. **Graças a Deus.**

2. Oração sobre a sepultura

Senhor Jesus Cristo, permanecendo três dias no sepulcro, santificaste os túmulos dos teus fiéis,
e nos deste a esperança na vida eterna.
Que N. descanse em paz e participe da tua gloriosa ressurreição.
Tu que és Deus com o Pai e o Espírito Santo. **Amém.**

3. Oração sobre o túmulo

Ó Deus, Senhor do tempo e da eternidade,
colocamos em tuas mãos esta criança
de quem choramos a morte prematura.
Tu que não deixaste Jesus, teu filho, entregue à morte,
dá a ela vida e ressurreição,

na companhia dos teus anjos e santos.
Por Cristo, nosso Senhor. **Amém.**

4. Deposição do corpo na sepultura

Depois de colocado o corpo na sepultura, quem preside diz a seguinte
oração:

Ó Deus, o teu amor vale mais do que a vida!
Agora que entregamos à terra
o corpo de nosso(a) irmão(ã) N., nós te pedimos:
dá-lhe participar da vitória do Cristo
que morrendo destruiu a morte
e ressurgindo deu-nos nova vida.
A ele a glória pelos séculos. **Amém.**

Descanso eterno, dá-lhe, Senhor!
Da luz perpétua, o resplendor.

Conforme o costume do lugar, os presentes poderão depositar flores,
jogar terra sobre o caixão etc.

5. Canto final

1. Tua companhia seja, irmão(ã), nesta hora,
Maria, a mãe que a seu Filho implora.
Bem-aventurado quem está na glória!

2. Tua companhia seja, irmão(ã), nesta hora,
Maria, a mãe que por todos ora.
Bem-aventurado quem está na glória!

3. Tua companhia seja, irmão(ã), nesta hora,
Maria, a mãe que seu Filho adora.
Bem-aventurado quem está na glória!

RITO DA CREMAÇÃO

Supondo-se que já tenham sido realizados o velório e a encomenda-ção, este momento corresponde ao sepultamento.

1. Refrão meditativo

Jesus Cristo é o primogênito,
o primeiro dentre os mortos;
:/a ele glória e poder
pelos séculos. Amém:/ (cf. Ap 1,5-6).

2. Cântico bíblico – 1Tm 3,16

(Melodia: *Hinário Litúrgico* 4, p. 239)

**Cristo será engrandecido no meu corpo,
pela vida ou pela morte.
Pois para mim o viver é Cristo
e o morrer é apenas lucro!** (Fl 1,20-21).

1. O Se**nhor** manifest**ou**-se em nossa **car**ne
e foi por **Deus** justificado. **Pois para mim**...

2. O Se**nhor** foi contem**pla**do pelos **an**jos,
e anunci**a**do entre as nações. **Pois para mim**...

3. O Se**nhor**, no mundo int**ei**ro foi a**cei**to
e por Deus **Pai** foi exaltado. **Pois para mim**...

**Cristo será engrandecido no meu corpo,
pela vida ou pela morte.
Pois para mim o viver é Cristo
e o morrer é apenas lucro!** (Fl 1,20-21).

3. Leitura bíblica – Fl 3,20-21

Leitura da Carta de Paulo aos Filipenses

Irmãos: Nós somos cidadãos do céu. De lá aguardamos como Salvador o Senhor Jesus Cristo. Ele transformará o nosso pobre corpo, tornando-o semelhante ao seu corpo glorioso, graças ao poder que o torna capaz também de sujeitar a si todas as coisas.

Palavra do Senhor. **Graças a Deus.**

4. Oração

Ó Deus, a ti pertencem o tempo e a eternidade.
O fogo ao qual entregamos este corpo,
longe de ser símbolo de destruição,
evoca o poder do teu Espírito
que renova e dá vida a todas as coisas.
Manifesta tua compaixão e bondade
e acolhe em teu abraço nosso(a) irmão(ã) N.
Abra para ele(a) as portas
da plena felicidade em teu Reino;
que encontre em ti o descanso e a paz.
Por Cristo, nosso Senhor. **Amém.**

Enquanto o caixão é conduzido ao lugar da cremação, cantos à escolha...

5. Bênção

O Deus dos vivos dê vida aos nossos corpos mortais. **Amém.**
Que este nosso(a) irmão(ã), pela misericórdia de Deus, descanse em paz. **Amém.**

DEPOSIÇÃO DA URNA COM AS CINZAS

Rito a ser utilizado no momento em que as cinzas vão ser colocadas no seu destino final.

1. Refrão meditativo

Jesus Cristo é o primogênito,
o primeiro dentre os mortos;
:/a ele glória e poder
pelos séculos. Amém:/ (cf. Ap 1,5-6)

2. Abertura

– Vem, ó Deus da vida, vem nos ajudar! (bis)
Vem, não demores mais, vem nos libertar! (bis)
– O Descanso eterno, dá-lhe, ó Senhor! (bis)
Goze eternamente do teu esplendor! (bis)

Quem preside introduz a celebração com as seguintes palavras ou outras semelhantes.

Ao depositar as cinzas de N.,
recordamos as palavras da Escritura:
"És pó, e ao pó hás de voltar" (Gn 3,19).
Mas lembramos igualmente
as palavras consoladoras do apóstolo Paulo:
"Cristo transformará nosso corpo de miséria
e o fará semelhante ao seu corpo de glória" (Fl 3,21).

3. Salmo 62(63)

Melodia: *Hinário Litúrgico* 4, p. 150.

Criaste-nos para ti, Senhor, e nosso coração não descansa
enquanto não repousar em ti (Santo Agostinho).

A vida dos justos está nas mãos de Deus,
nenhum tormento os atingirá,
aos olhos dos insensatos pareceram morrer;
mas eles estão em paz! Aleluia, aleluia! (cf. Sb 3,1-3).

1. Sois **vós**, ó Senhor, o meu **Deus**!
Desde a au**ro**ra, ansioso vos busco! – **Mas eles...**

2. Vosso **amor** vale mais do que a vida,
e por **i**sso meus lábios vos louvam. – **Mas eles...**

3. Penso em **vós** no meu leito, de noite,
nas vi**gí**lias suspiro por vós! – **Mas eles...**

4. Para **mim** fostes sempre um socorro;
de vossas **a**sas à sombra eu exulto! – **Mas eles...**

5. Minha **al**ma se agarra em vós;
com po**der** vossa mão me sustenta. – **Mas eles...**

A vida dos justos está nas mãos de Deus,
nenhum tormento os atingirá,
aos olhos dos insensatos pareceram morrer;
mas eles estão em paz! Aleluia, aleluia! (cf. Sb 3,1-3).

4. Leitura bíblica – 2Cor 5,1.6-9

Leitura da Segunda Carta de Paulo aos Coríntios

Irmãos: Sabemos que, se a tenda em que moramos neste mundo for destruída, Deus nos dá outra moradia no céu, que não é obra de mãos humanas e que é eterna. Estamos sempre cheios de confiança e bem lembrados de que, enquanto moramos no corpo, somos peregrinos, longe do Senhor; pois caminhamos pela fé e não pela visão. Mas estamos cheios de confiança e preferimos deixar a moradia do nosso corpo, para ir morar junto do Senhor. Por isso também nos empenhamos em ser agradáveis a ele, quer estejamos no corpo, quer já tenhamos deixado esta morada.

Palavra do Senhor. **Graças a Deus.**

5. Meditação

Silêncio, homilia...

6. Preces

Invoquemos a compaixão do Cristo que por sua santa cruz remiu o mundo, cantando (dizendo):

Senhor, tem piedade de nós.

– Senhor Jesus, nossa ressurreição, tem piedade de nós.

– Senhor Jesus, primogênito dentro os mortos, tem piedade de nós.

– Senhor Jesus, manso e humilde de coração, tem piedade de nós.

– Senhor Jesus, força dos mártires e coroa dos santos, tem piedade de nós.

– Senhor Jesus, nossa alegria e nossa paz, tem piedade de nós.

Preces espontâneas...

Unindo-nos a oração do Senhor, oremos com as palavras que ele nos ensinou:

Pai nosso...

7. Deposição

Aspergindo a urna com água benta, o(a) ministro(a) diz:

Na água e no Espírito foste batizado(a).
O Senhor complete em ti a obra que ele mesmo começou.

Colocando a cruz junto à urna:

A cruz de Nosso Senhor Jesus Cristo
seja sinal de vida e ressurreição.

E prossegue com a oração:

Ó Deus, nós cremos que teu Filho Jesus
morreu e ressuscitou por nós.
Ressuscite N. para a glória da vida eterna
e concede-nos a graça de vivermos
segundo o mistério que celebramos.
Por Cristo, nosso Senhor. **Amém.**

8. Bênção

O Deus dos vivos dê vida aos nossos corpos mortais.
Amém.

Descanso eterno, dá-lhe Senhor.
Da luz perpétua, o resplendor.

OFÍCIO DE APOIO ÀS FAMÍLIAS ENLUTADAS

1. Refrão meditativo

O nosso olhar se dirige a Jesus,
o nosso olhar se mantém no Senhor.

2. Abertura

– Vem, ó Deus da vida, vem nos ajudar! (bis)
Vem, não demores mais, vem nos libertar! (bis)
– És a luz que brilha em nossa escuridão, (bis)
tua Palavra, ó Deus, renova a criação! (bis)
– Glória ao Pai e ao Filho e ao Santo Espírito, (bis)
glória à Trindade Santa, glória ao Deus bendito! (bis)
– O descanso eterno dá-lhe, ó Senhor! (bis)
Eternamente goze do teu esplendor! (bis)

3. Recordação da vida

Quem coordena, dirige aos presentes uma palavra de saudação e os convida a partilharem o que estão vivendo:

Neste momento, podemos expressar os sentimentos que estão no coração, depois da partida de N.

4. Salmo 23(22)

"Pelos prados e campinas...", p. 111.
Outros salmos à escolha, pp. 108 a 127.

5. Leitura bíblica – Jo 14,1-6

– O Senhor esteja com vocês!
Ele está no meio de nós!
– Proclamação do Evangelho de Jesus Cristo segundo João.
Glória a vós, Senhor!

Naquele tempo, disse Jesus a seus discípulos: "Não se perturbe o vosso coração! Credes em Deus, credes também em mim. Na casa de meu Pai há muitas moradas. Não fosse assim, eu vos teria dito. Vou preparar um lugar para vós. E depois que eu tiver ido e preparado um lugar para vós, voltarei e vos levarei comigo, a fim de que, onde eu estiver, estejais vós também. E para onde eu vou, conheceis o caminho". Tomé disse a Jesus: "Senhor, nós não sabemos para onde vais. Como podemos conhecer o caminho?". Jesus respondeu: "Eu sou o Caminho, a Verdade e a Vida. Ninguém vai ao Pai senão por mim".

Palavra da Salvação. **Graças a Deus.**

6. Meditação

Silêncio, breve homilia ou partilha da Palavra...

7. Preces

Oremos a Cristo, nosso Senhor e Salvador, que intercede por nós junto do Pai, cantando (dizendo):
Ó Senhor, escuta a nossa prece.
– Ó Cristo, tu que consolaste as mulheres de Jerusalém, dá a esta família a força para recomeçar.

– Ó Cristo, tu que foste sepultado e venceste a morte, dá-nos fé na ressurreição e esperança na vida eterna.

– Ó Cristo, que na madrugada do primeiro dia da semana deixaste o túmulo vazio e alegraste os discípulos com sua ressurreição, faze que a Páscoa de N. nos ajude a dar novo sentido à nossa vida.

Preces espontâneas...

Unindo-nos à oração do Cristo, oremos com as palavras que ele nos ensinou:
Pai nosso...

Oração

Ó Deus de toda consolação,
olha esta família que chora a perda de N.
Derrama sobre ela a tua graça,
conduze-a em teus caminhos
e firma sua fé no Cristo ressuscitado,
por quem te suplicamos,
na unidade do Espírito Santo. **Amém.**

8. Bênção

O Deus dos vivos dê vida aos nossos corpos mortais, agora e sempre. **Amém.**

Que os nossos irmãos e irmãs falecidos, pela misericórdia de Deus, descansem em paz. **Amém.**

ELEMENTOS DIVERSOS

REFRÃOS MEDITATIVOS

Refrão 1

Somos todos cidadãos do céu:
desde já aguardamos Jesus Cristo,
o Salvador (cf. Fl 3,20)

Refrão 2

Bendito seja o Senhor Deus,
Deus e Pai do Salvador.
/:Pai misericordioso,
Deus e Pai consolador./: (cf. 2Cor 1,3-4a)

Refrão 3

Bem-aventurado entre os mortos
quem adormeceu no Senhor,
/:repousar de suas fadigas vai
quem por Deus viveu, no labor!:/ (Ap 14,13)

Refrão 4

/:Se nós morrermos com Cristo,
com ele viveremos; /:
/:Se mantivermos a fé,
com ele, enfim, reinaremos./: (cf. Tm 2,11-12a)

Refrão 5

Deus enxugará toda lágrima que cai,
a morte já não mata, já não mata;
nem luto, nem choro, nem dor (cf. Ap 21,4)

Refrão 6

Jesus Cristo é o primogênito,
o primeiro dentre os mortos;
:/ a ele glória e poder
pelos séculos. Amém.:/ (cf. Ap 1,5-6)

Refrão 7

Quando a noite chegar, vem, Jesus, me guardar!
Vem, protege meu sono com teu santo olhar! (bis)

Refrão 8

Vem a noite de mansinho estender o véu.
Durma em paz não tenha medo, Deus está no céu.

HINOS

A vida pra quem acredita

1. A vida pra quem acredita
não é passageira ilusão
E a morte se torna bendita
porque é nossa libertação

Nós cremos na vida eterna
e na feliz ressurreição
Quando de volta à casa paterna
com o Pai os filhos se encontrarão

2. No céu não haverá tristeza
doença, nem sombra de dor
E o prêmio da fé é a certeza
de viver feliz com o Senhor

Todo aquele que crê em mim

**Todo aquele que crê em mim
um dia ressurgirá
e comigo então se assentará
à mesa do banquete do meu Pai.**

1. Aos justos reunidos neste dia
o Cristo então dirá:
"Oh! Venham gozar as alegrias
que meu Pai lhes preparou"

2. A fome muitas vezes me abateu
fraqueza eu senti
Vocês, dando o pão que era seu
mais ganharam para si

3. E quando eu pedi um copo de água
me deram com amor
E mais, consolaram minha mágoa
ao me verem sofredor

4. Eu lembro que também estive preso
terrível solidão...
Vocês aliviaram o meu peso
com a sua compreensão

5. O frio me castigava sem piedade
não tinha o que vestir
Num gesto de amor e de bondade
vocês foram me acudir

6. Amigos, esta fé é verdadeira
que leva para o céu
aquele que Deus a vida inteira
no irmão sempre acolheu

A certeza que vive em mim

A certeza que vive em mim
é que um dia verei a Deus
Contemplá-lo com os olhos meus
é a felicidade sem fim

1. O sentido de todo viver
eu encontro na fé e no amor
Cada passo que eu der
será buscando o meu Senhor

2. Peregrinos nós somos aqui
construindo morada no céu
Quando Deus chamar a si
quem foi na terra amigo seu

Os olhos jamais contemplaram

Os olhos jamais contemplaram
ninguém sabe explicar
o que Deus tem preparado
àquele que em vida o amar

1. As lutas, a dor, o sofrer
tão próprios à vida do ser
ninguém poderá comparar
com a glória sem fim no céu

2. Foi Cristo quem nos mereceu
com a morte, a vida e o céu
e ainda se entrega por nós
como oferta constante do Pai

SALMOS

Salmo 8

Adoremos o Cristo ressuscitado, imagem da nova humanidade, primogênito dentre os mortos.

Felizes os de coração puro,
porque verão a Deus. (bis)

1. Ó Senhor nosso Deus, como é grande
vosso nome por todo o universo!
Desdobrastes nos céus vossa glória,
com grandeza, esplendor, majestade.

2. O perfeito louvor vos é dado
pelos lábios dos mais pequeninos.
Eis a força que opondes aos maus,
reduzindo o inimigo ao silêncio.

3. Contemplando estes céus que plasmastes
e formastes com dedo de artista.
"O que é o ser humano, Senhor,
para dele cuidar com desvelo?"

4. Pouco abaixo de Deus o fizeste,
coroando de glória e esplendor.
Vós lhe deste poder sobre tudo,
vossas obras aos pés lhe pusestes.

Salmo 15(14)

CD: *Festas IV*, faixa 16 – Paulus

Confiemos à misericórdia do Senhor o nosso irmão (a
nossa irmã) e que, em sua compaixão, ele nos converta
totalmente.

Quem habitará na tua casa, Senhor?
Quem repousará na tua santa montanha?

1. É aquele que caminha sem pecado
e pratica a justiça fielmente.
– *No céu o acolherás.*

Que pensa a verdade no seu íntimo
e não solta em calúnias sua língua;
– *No céu o acolherás.*

Que em **na**da prejudica o seu irmão,
e nem **co**bre de insultos seu vizinho;
– *No céu o acolherás.*

Que não **dá** valor algum ao que é ímpio,
mas **hon**ra os que respeitam o Senhor!
– *No céu o acolherás.*

Salmo 23(22)

Versão: Reginaldo Veloso; Melodia: Roberto Jef

Cantemos nossa confiança no Senhor, pastor que nos
conduz, e peçamos que ele acolha N. em suas moradas.

**Vós sois meu Pastor, ó Senhor,
nada me faltará se me conduzis.**

1. Em verdes pastagens, me leva a repousar.
Em fontes bem tranquilas, as forças recobrar.

2. Por justos caminhos, meu Deus, vem me guiar.
De todos os perigos, meu Deus, vem me livrar.

3. Meu Deus junto a mim, o mal não temerei,
seguro em seu cajado, tranquilo eu estarei.

4. Me preparais a mesa, perante o opressor,
me perfumais a fronte, minha taça transbordou.

5. Felicidade e amor sem fim me seguirão,
um dia em vossa casa meus dias passarão.

**Felizes pra sempre estarão,
em vossa casa, ó Deus, sempre habitarão!**

Salmo 23(22)

2ª versão – Melodia: *Hinário Litúrgico* 3, pp. 148-149 – L. e M.: Ir. Míria Kolling

Cantemos nossa confiança no Senhor, pastor que nos conduz, e peçamos que ele acolha N. em suas moradas.

**O Senhor é o pastor que me conduz;
não me falta coisa alguma.**

1. Pelos prados e campinas verdejantes
ele me leva a descansar.
Para as águas repousantes me encaminha
e restaura minhas forças.

2. Preparas, à minha frente, uma mesa,
bem à vista do inimigo,
e com óleo vós ungis minha cabeça;
o meu cálice transborda.

3. Felicidade e todo bem hão de seguir-me
por toda a minha vida;
e, na casa do Senhor, habitarei
pelos tempos infinitos.

Salmo 23(22)

3ª versão – O Bom Pastor – J. Thomas / Frei Fabreti, ofm

Cantemos nossa confiança no Senhor, pastor que nos conduz, e peçamos que ele acolha N. em suas moradas.

1. Pelos prados e campinas verdejantes, eu vou...
É o Senhor que me leva a descansar.
Junto às fontes de águas puras, repousantes, eu vou!
Minhas forças o Senhor vai animar.

Tu és, Senhor, o meu Pastor.
Por isso, nada em minha vida faltará! (bis)

2. Nos caminhos mais seguros junto dele, eu vou!
E pra sempre o seu nome eu honrarei.
Se eu encontro mil abismos nos caminhos, eu vou!
Segurança sempre tenho em suas mãos.

3. No banquete em sua casa, muito alegre, eu vou!
Um lugar em sua mesa me preparou.
Ele unge minha fronte e me faz ser feliz.
E transborda a minha taça em seu amor.

4. Co'alegria e esperança, caminhando eu vou!
Minha vida está sempre em suas mãos.
E na casa do Senhor eu irei habitar
e este canto para sempre irei cantar!

Salmo 24(23)

CD: *Festas IV*, faixa 12 – Paulus – Joel Postma

Reconhecendo que tudo pertence a Deus, cantemos nossa confiança nele e peçamos a N. plena visão de sua face.

Felizes os de coração puro,
porque verão a Deus. (bis)

1. Ao Senhor pertence a terra e o que ela encerra,
o mundo inteiro com os seres que o povoam;
porque ele a fez firme sobre os mares
e sobre a terra a mantém inabalável.

2. "Quem subirá até o monte do Senhor,
quem ficará em sua santa habitação?

Quem tem mãos puras e inocente o coração,
nem jura falso para o dano de seu próximo."

3. Sobre este desce a bênção do Senhor
e a esperança de seu Deus e Salvador.
"É assim a geração dos que o procuram
e do Deus de Israel buscam a face!"

Salmo 25(24)

Entreguemos nas mãos do Senhor as nossas vidas, sabendo que não seremos confundidos(as) em nossa esperança.

**Recordai, Senhor, meu Deus,
vossa ternura e compaixão.**

1. Mostrai-me, ó Senhor, vossos caminhos
e fazei-me conhecer a vossa estrada!
Vossa verdade me oriente e me conduza,
porque sois o Deus da minha proteção.

2. Recordai, Senhor, meu Deus, vossa ternura
e a vossa salvação que são eternas.
De mim lembrai-vos porque sois misericórdia
e sois bondade sem limites, ó Senhor.

3. Aliviai meu coração de tanta angústia,
e libertai-me das minhas aflições!
Defendei a minha vida e libertai-me;
pois em vós eu coloquei minha esperança!

Salmo 27(26)

(D.R.)

Deus é a garantia das nossas vitórias, por isso, cantemos nossa confiança de que veremos a bondade do Senhor na terra dos vivos, na Jerusalém celeste.

O Senhor é minha luz e salvação.
O Senhor é a proteção da minha vida!

1. O Senhor é minha luz e salvação;
de quem eu terei medo?
O Senhor é a proteção da minha vida;
perante quem eu tremerei?

2. Ao Senhor eu peço apenas uma coisa
e é isto que eu desejo:
habitar no santuário do Senhor
por toda a minha vida.

3. Sei que a bondade do Senhor eu hei de ver
na terra dos viventes.
Espera no Senhor e tem coragem,
espera no Senhor.

Salmo 31(30)

Que o Senhor atenda ao nosso clamor que elevamos neste momento, unindo-nos à intercessão de Jesus Cristo junto ao Pai.

Eu sou a ressurreição
e a vida, a vida eu sou irmão!
Todo aquele que em mim creia,
se morrer, pra sempre viva (Jo 11,25-26).

1. Junto de ti, ó Senhor, eu me abrigo,
não tenha eu de que me envergonhar;
por tua justiça me salva e teu ouvido
ouça meu grito: "Vem logo libertar!".

2. Sê para mim um rochedo firme e forte,
uma muralha que sempre me proteja;
por tua honra, Senhor, vem conduzir-me,
vem desatar-me, és minha fortaleza!

3. Em tuas mãos eu entrego o meu espírito,
ó Senhor Deus, és tu quem me vai salvar;
tu não suportas quem serve a falsos deuses,
somente em ti, ó Senhor, vou confiar!

4. De minha parte, Senhor, em ti confio,
tu és meu Deus, meu destino, em tuas mãos!
Vem libertar-me de quantos me perseguem,
por teu amor, faz brilhar tua salvação!

5. Glória a Deus Pai porque tanto nos amou,
glória a Jesus, que se deu por nosso bem,
glória ao Divino, que é fonte deste amor,
nós damos glória agora e sempre. Amém!

Salmo 42(41)

Quem tem sede, venha e receba de graça a água da vida
(Ap 22,17).

Quando hei de ver a eterna luz, a eterna luz?

1. As**sim** como a **cor**ça sus**pi**ra
pelas **á**guas cor**ren**tes,

suspira igualmente minh'alma
por **vós**, ó meu Deus!

2. Minha **al**ma tem sede de Deus,
e de**se**ja o Deus vivo.
Quando te**rei** a alegria de ver
a **fa**ce de Deus?

3. Pere**gri**no e feliz caminhando
para a **ca**sa de Deus,
entre **gri**tos, louvor e alegria
da multi**dão** jubilosa.

4. Que o Se**nhor** me conceda de dia
sua **gra**ça benigna
e de **noi**te, cantando, eu bendigo
ao meu **Deus**, minha vida.

5. Por **que** te entristeces, minh'alma,
a ge**mer** no meu peito?
Espera em **Deus**! Louvarei novamente
o meu **Deus** Salvador!

Salmo 63(62)

CD: *Festas litúrgicas IV*, faixa 13 – Paulus

Senhor, nos criastes para vós e nosso coração não descansa enquanto não repousar em vós (Santo Agostinho).

A vida dos justos está nas mãos de Deus,
nenhum tormento os atingirá,
aos olhos dos insensatos pareceram morrer;
Mas eles estão em paz! Aleluia, aleluia! (cf. Sb 3,1-3)

1. Sois **vós**, ó Se**nhor**, o meu **Deus**!
Desde a au**ro**ra, ansioso vos busco! – **Mas eles**...

2. Vosso a**mor** vale mais do que a vida,
e por **i**sso meus lábios vos louvam. – **Mas eles**...

3. Penso em **vós** no meu leito, de noite,
nas vi**gí**lias suspiro por vós! – **Mas eles**...

4. Para **mim** fostes sempre um socorro;
de vossas **a**sas à sombra eu exulto! – **Mas eles**...

5. Minha **al**ma se agarra em vós;
com po**der** vossa mão me sustenta. – **Mas eles**...

A vida dos justos está nas mãos de Deus,
nenhum tormento os atingirá,
aos olhos dos insensatos pareceram morrer;
mas eles estão em paz! Aleluia, aleluia! (cf. Sb 3,1-3)

Salmo 63(62)

Melodia: *Hinário Litúrgico* 3, pp. 148-149 – L. e M.: Reginaldo Veloso

Senhor, criaste-nos para vós, e nosso coração não descansa enquanto não repousar em vós (Santo Agostinho).

A minh'alma tem sede de vós,
como a terra sedenta, ó meu Deus.

1. Sois **vós**, ó Se**nhor**, o meu **Deus**!
Desde a au**ro**ra, ansioso vos busco!
A minh'**al**ma tem **se**de de **vós**,
como **te**rra se**den**ta e sem **á**gua!
Venho, ass**im**, contem**plar**-vos no **tem**plo,
para **ver** vossa **gló**ria e po**der**.

117

2. Vosso **amor** vale mais do que a vida,
e por **is**so meus lábios vos louvam.
Quero, ass**im**, vos louv**ar** pela **vi**da
e elev**ar** para v**ós** minhas **mã**os!
A minh'**al**ma ser**á** saci**a**da
como em g**ran**de banqu**e**te de **fe**sta.

3. Cant**ará** alegr**ia** em meus **lá**bios,
ao cant**ar** para v**ós** meu lou**vor**.
Penso em **vós** no meu **lei**to, de **no**ite,
nas vig**í**lias suspiro por vós!
Para **mim** fostes sempre um socorro;
de vossas **a**sas à sombra eu exulto!

Salmo 103(102)

Melodia: *Hinário Litúrgico* 3, pp. 134-135 – L. e M.: Jorge Pereira Lima

Expressemos toda nossa gratidão ao coração misericordioso de Deus que, em Jesus Cristo, nos faz passar da morte à vida.

Bendize, ó minha alma, ao Senhor,
pois ele é bondoso e compassivo!

1. Ben**di**ze, ó minh'**al**ma, ao Senhor
e **to**do o meu **ser**, seu santo **no**me!
Bendize, ó minha **al**ma, ao Sen**hor**,
não te es**que**ças de nenh**um** de seus fa**vo**res!

2. Pois ele te perd**o**a toda **cu**lpa
e **cu**ra toda a **tu**a enfermi**da**de;

Da sepultura ele salva a tua vida
e te cerca de carinho e compaixão.

3. O Senhor é indulgente, é favorável,
é paciente, é bondoso e compassivo.
Não nos trata como exigem nossas faltas
nem nos pune em proporção às nossas culpas.

4. Quanto dista o nascente do poente
tanto afasta para longe nossos crimes.
Como um pai se compadece de seus filhos,
o Senhor tem compaixão dos que o temem.

Refrão 2:
Melodia: *Hinário Litúrgico* 3, pp. 144-145. (D.R.)

O Senhor é bondoso, compassivo e carinhoso.

Refrão 3:
Melodia: *Hinário Litúrgico* 3, pp. 154-155 – Frei Emílio Scheid

O Senhor é bondoso e compassivo.

Salmo 114(113 A)

Participando da alegria da criação pela passagem de
Deus libertando o seu povo, cantemos nossa confiança
na Vitória da vida sobre a morte, pela ressurreição de
Jesus.

Benditos de meu Pai,
benditos, vinde e tomai,
tomai posse, posse do Reino
que foi pra vós foi preparado. (bis)

1. Quando o povo de Deus cativo
saiu das terras do Egito,
a mão de Deus forte e potente
fez de Israel a sua gente!
Então o mar deu uma carreira
e o rio subiu uma ladeira.
Os montes e as serranias
saltaram de tanta alegria.

2. Que tens, ó mar, para correr
e o rio, pra retroceder?...
Que deu no monte pra dançar
e como um cabritinh' pular?...
Estremeceu a terra e o céu
em face do Deus de Israel,
por ele a rocha desmanchou-se
em fonte de águas tão doces.

3. Louvor a Deus que livra o pobre,
em Cristo vencedor da morte.
Que brilha na ressurreição
e a todos traz libertação.
Do Santo Espírito a ternura
renove toda criatura,
pois dele desce todo bem.
Louvado seja sempre. Amém!

Salmo 116(114-115)

(D.R.)

Cantemos nossa confiança no Pai que nos livra da morte
e nos dá a paz.

**Andarei na presença de Deus,
junto a ele na terra dos vivos.**

1. Eu amo o Senhor, porque ouve
o grito da minha oração.
Inclinou para mim seu ouvido,
no dia em que eu o invoquei.

2. Libertou minha vida da morte
e livrou os meus pés do tropeço.
Andarei na presença de Deus,
junto a ele na terra dos vivos.

3. Eis que sou vosso servo, ó Senhor,
mas me quebraste os grilhões da escravidão.
Por isso oferto um sacrifício de louvor,
invocando o nome santo do Senhor.

Salmo 116(115)

Agradeçamos a Deus, que mostra seu amor e sua fidelidade e nos acolhe na Jerusalém celeste.

**Esperamos o Senhor,
Cristo, nosso Salvador,
/:pobre corpo mudará,
feito o seu resplenderá/: (Fl 3,20-21)**

1. Mantive a fé mesmo ao dizer: "Estou perdido!".
Em minha angústia eu disse: "Todos são fingidos!".
– Como é que vou retribuir ao meu Senhor
tudo de bom que ele por mim realizou?...

2. Vou levantar a taça da libertação,
invocarei seu santo nome em oração!
– Eu vou cumprir minhas promessas ao Senhor,
e na presença do seu povo, meu louvor!

3. Irreparável é a morte dos seus santos.
É uma perda: a seus olhos valem tanto!
– De tua serva, filho sou, teu servidor,
tu me quebraste as algemas, ó Senhor!

4. Eu te ofereço um sacrifício de louvor,
ao invocar teu nome santo, ó Senhor!
– Eu vou cumprir minhas promessas ao Senhor,
e na presença do seu povo, meu louvor!

5. Maravilhado nesta casa do Senhor,
dentro de ti, Jerusalém, o meu louvor!
– Ao Pai a glória e ao seu Filho, Jesus Cristo,
glória também a quem dos dois é o Espírito!

Salmo 118(117)

Agradeçamos ao Senhor pela vitória de Cristo, que nos
abriu definitivamente as portas do paraíso e nos libertou
da morte.

1. Aleluia, irmãos,
ao Senhor vinde e louvai,
celebrai o Senhor, irmãs,
ele é bom, é bom demais!
Celebrai o Senhor, irmãs,
ele é bom, é bom demais.

2. Na angústia eu clamei
ao Senhor e ele ouviu-me,
minha prece ele escutou,
o Senhor me libertou!
Minha prece ele escutou,
o Senhor me libertou!

3. Minha força e meu canto,
minha força é o Senhor!
Para mim, para mim, irmãos,
o Senhor foi salvação!
Para mim, para mim, irmãos,
o Senhor foi salvação!

4. Levantou-se sua mão,
sua direita levantou-se,
sua direita se levantou,
maravilhas operou!
Sua direita se levantou,
maravilhas operou!

5. Meus irmãos, eu não vou,
eu não vou jamais morrer,
viverei para anunciar
do Senhor seu bem-fazer!
Viverei para anunciar
do Senhor seu bem-fazer!

6. O Senhor me testou,
mas não quis me ver morrer.
Da justiça abri-me as portas,
vou entrar e bendizer!

Da justiça abri-me as portas,
vou entrar e bendizer!

7. Do Senhor é a porta
e os justos vão entrar.
Tu me ouviste e me salvaste,
e por isso eu vou louvar!
Tu me ouviste e me salvaste,
e por isso eu vou louvar!

8. Esta pedra sobrou,
os pedreiros rejeitaram,
mas tornou-se a principal,
todos viram e pasmaram!
Mas tornou-se a principal,
todos viram e pasmaram!

9. O Senhor foi quem fez,
vejam quanta maravilha!
Eis o Dia do Senhor,
exultemos de alegria!
Eis o Dia do Senhor,
exultemos de alegria!

10. Glória a Deus, nosso Pai,
e a seu Filho, que é Jesus!
E ao Espírito Divino!
Que me dê a eterna luz!
E ao Espírito Divino!
Que me dê a eterna luz!

Na Quaresma: "Alegria, irmãos!" (no lugar de "Aleluia, irmãos").

Salmo 119(118)

Confiemos nas promessas do Senhor, ele é fiel em sua Palavra, não será confundido quem nele põe a esperança.

**Os sofrimentos do tempo presente
não têm proporção com a glória,
/:que deverá revelar-se em nós.:/** (Rm 8,18)

1. Clamo de **to**do cora**ção**: Senhor, ou**vi**-me!
Quero cum**prir** vossa vontade fielmente!
Clamo a **vós**: Senhor, salvai-me, eu vos suplico,
e en**tão** eu guardarei vossa Aliança!

2. Chego **an**tes que a aurora e vos suplico,
e es**pe**ro confiante em vossa lei.
Os meus olhos antecipam as vigílias,
para de **noi**te meditar vossa palavra.

3. Vós estais **per**to, ó Senhor, perto de mim;
todos os **vo**ssos mandamentos são verdade!
Desde cri**an**ça aprendi vossa Aliança
que fir**mas**tes para sempre, eternamente.

Salmo 121(120)

CD: *Festas litúrgicas IV*, faixa 14 – Paulus

Nunca mais terão fome ou sede. Nunca mais os molestará o sol nem o calor (Ap 7,16).

**Bem-aventurados os que têm um coração de pobre:
/:porque deles é o Reino dos céus!:/ (Mt 5,3)**

1. Eu le**van**to os meus **o**lhos para os **mon**tes:
de **on**de pode vir o meu socorro?

"Do Senhor é que me vem o meu socorro,
do Senhor que fez o céu e fez a terra!"

2. Ele não **dei**xa tropeçarem os meus pés,
e não **dor**me quem te guarda e te vigia.
Oh! **Não**! Ele não dorme nem cochila,
aquele que é o guarda de Israel!

3. O Se**nhor** é o teu guarda, o teu vigia,
é uma **som**bra protetora à tua direita.
Não vai fe**rir**-te o sol durante o dia,
nem a **lua** através de toda a noite.

4. O Se**nhor** te guardará de todo mal,
ele **mes**mo vai cuidar da tua vida!
Deus te **guar**da na partida e na chegada.
Ele te **guar**da desde agora e para sempre!

Salmo 122(121) Melodia: *Hinário Litúrgico* 3, p. 186. (D.R.)

Vocês se aproximaram do monte Sião e da Jerusalém celeste, a cidade do Deus vivo (Hb 12,22).

**Feliz o povo que o Senhor
escolheu por sua herança.**

1. Que aleg**ria**, quando ou**vi** que me dis**ser**am:
"Vamos à **ca**sa do Sen**hor!**"
E a**go**ra nossos **pé**s já se de**têm**,
Jerusa**lém**, em tuas p**or**tas.

2. Para **lá** sobem as **tri**bos de Isr**ael**,
as **tri**bos do Sen**hor**.
A **se**de da jus**ti**ça lá es**tá**
e o **tro**no de Da**vi**.

126

Salmo 130(129)

Versão e melodia: J. Gelineau

Na fraqueza da nossa condição humana, coloquemos toda a nossa confiança no Senhor e peçamos que ele nos perdoe e nos dê a sua paz.

Confia minh'alma no Senhor,
nele está minha esperança.

1. Das profundezas eu clamo a vós, Senhor,
escutai a minha voz!
Vossos ouvidos estejam bem atentos
ao clamor de minha prece!

2. Se levardes em conta nossas faltas,
quem haverá de subsistir?
Mas em vós se encontra o perdão,
eu vos temo e em vós espero.

3. No Senhor ponho a minha esperança,
espero em sua Palavra.
A minh'alma espera no Senhor
mais que o vigia pela aurora.

4. Espere, Israel, pelo Senhor,
mais que o vigia pela aurora!
Pois no Senhor se encontra toda graça
e copiosa redenção.

Refrão 2:
Melodia: *Hinário Litúrgico* 3, pp. 154-155 – Ir. Míria Kolling
No Senhor, toda graça e redenção!

CÂNTICOS BÍBLICOS

Eu sei que meu defensor – Jó 19,25-27

1ª versão

Eu sei que meu defensor vivo está,
que no fim ele surgirá aqui na terra;
quando eu acordar me porá de pé junto dele,
e no meu corpo a Deus verei;
aquele que verei será pra mim,
os meus olhos o contemplarão e não será
nenhum estranho; dentro de mim o coração queima.

Creio que meu Cristo vive – Jó 19,25-27

2ª versão – Joel Postma

Creio que meu redentor vive
/ e que ressuscitarei no último dia;
– Em minha própria carne verei a Deus,
/ meu Salvador.

1. Eu mesmo verei e não outro
/ e o contemplarei com meus olhos.

2. Tenho esta esperança / no meu coração.

3. Escuta, Senhor, minha prece,
/ e atende a voz do meu clamor.

Quem nos separará – Rm 8,31-39

Versão e melodia: Valmir Neves Silva

Quem nos separará,
quem vai nos separar,
do amor de Cristo,
quem nos separará?
Se ele é por nós,
quem será, quem será contra nós?
Quem vai nos separar
do amor de Cristo, quem será?

1. Nem a angústia, nem a fome,
nem nudez ou tribulação,
perigo ou espada, toda perseguição!

2. Nem a morte, nem a vida,
nem os anjos, dominações,
presente nem futuro, poderes nem pressões!

3. Nem as forças das alturas,
nem as forças das profundezas,
nenhuma das criaturas, nem toda a natureza!

Cristo será engrandecido – 1Tm 3,16

Melodia: *Hinário Litúrgico* 4, p. 239

Cristo será engrandecido no meu corpo,
pela vida ou pela morte.
Pois para mim o viver é Cristo
e o morrer é apenas lucro! (Fl 1,20-21)

1. O Se**nhor** manifes**tou**-se em nossa **car**ne
e foi por **Deus** justificado. – **Pois para mim...**

2. O Se**nhor** foi contem**pla**do pelos **an**jos,
e anunci**a**do entre as nações. – **Pois para mim...**

3. O Se**nhor** no mundo int**ei**ro foi a**cei**to
e por Deus **Pai** foi exaltado. – **Pois para mim...**

Cristo será engrandecido no meu corpo,
pela vida ou pela morte.
Pois para mim o viver é Cristo
e o morrer é apenas lucro! (Fl 1,20-21)

ACLAMAÇÕES AO EVANGELHO

Aclamação 1

Aleluia, aleluia, aleluia,
aleluia, aleluia, aleluia.
Aleluia, aleluia, aleluia.
"Eu sou a ressurreição e a vida", disse o Senhor;
quem vive e crê em mim não morrerá para sempre (Jo 11,25a.26).

Aclamação 2

Solo: Aleluia, aleluia!
Todos: Aleluia, aleluia!
Solo: Aleluia, aleluia, aleluia!
Todos: Aleluia, aleluia, aleluia!
"Eu sou a ressurreição e a vida", disse o Senhor.
"Quem vive e crê em mim não morrerá para sempre" (Jo 11,25a.26).

Aclamação 3

**Aleluia, aleluia, aleluia,
aleluia, aleluia.**
"Venham, benditos de meu Pai", disse o Senhor.
"Tomem posse do Reino preparado para vocês
desde a criação do mundo."

Aclamação 4

**Aleluia, aleluia, aleluia,
aleluia, aleluia, aleluia.
Aleluia, aleluia, aleluia.**
"Eu sou a ressurreição e a vida", disse o Senhor.
"Quem vive e crê em mim não morrerá para sempre" (Jo
11,25a.26).

Na Quaresma:

Aclamação 5

**/:Louvor e glória nós te damos, ó Senhor!:/
/:Pois tu és nossa Páscoa, nossa vida, nosso Deus libertador!:/**
Tanto Deus amou o mundo que lhe deu seu próprio Filho;
todo aquele que crer nele terá a vida eterna (Jo 3,16).

Aclamação 6

**Louvor e glória a ti, Senhor Jesus,
tua Palavra é fonte de eterna luz!**
"Venham, benditos de meu Pai", disse o Senhor.

"Tomem posse do Reino preparado para vocês,
desde a criação do mundo."

Aclamação 7

**Louvor e glória a ti, Senhor Jesus,
tua Palavra é fonte de eterna luz!**
"Eu sou a ressurreição e a vida", disse o Senhor.
"Quem vive e crê em mim não morrerá para sempre" (Jo 11,25a.26).

Aclamação 8

**Louvor e glória a ti, Senhor,
que hoje nos chama a partilhar,
a partilhar da sua luz!**
"Eu sou a ressurreição e a vida", disse o Senhor.
"Quem crê em mim não morrerá para sempre" (Jo 11,25a-26).

Aclamação 9

**/:Louvor e glória nós te damos, ó Senhor!:/
/:Pois tu és nossa Páscoa, nossa vida, nosso Deus libertador!:/**
Tanto Deus amou o mundo que lhe deu seu próprio Filho;
todo aquele que crer nele terá a vida eterna (Jo 3,16).

LOUVAÇÕES

Louvação 1

1. Oh! Bendito Deus, louvado sejas!
Oh! Bendito sejas por Jesus!
/:Quem 'stiver dormindo acorde,
vamos celebrar a luz!:/

2. Oh! Bendito Deus, louvado sejas!
Oh! Bendito, pela salvação!
/:Pois Jesus é a vida eterna,
em Jesus, ressurreição!:/

3. Oh! Bendito Deus, louvado sejas!
Oh! Bendito, eterno o teu amor!
/:Por Jesus, com Jesus Cristo,
suba ao céu nosso clamor!:/

Louvação 2
(D.R.)

**É bom cantar um bendito,
a ti, um canto, um louvor!**

1. Ao Deus da perene luz,
por Cristo Jesus da vida Senhor!

2. Porque se a morte é tristeza,
u'a nova certeza nos consolou.

3. A vida não é tirada,
mas transformada em outra melhor!

4. Desfeita esta habitação,
na eterna mansão, a luz, o esplendor!

5. E o povo louva e agradece,
unido na prece que o Cristo ensinou:
Pai nosso...

Louvação 3

Recitada.

O Senhor esteja com vocês!
Ele está no meio de nós!
Demos graças ao Senhor, nosso Deus!
É nosso dever e nossa salvação!

Nós te damos graças, ó Deus da vida,
pelo Cristo, teu Filho, luz pascal!
Nele brilhou para nós a esperança da feliz ressurreição.
E aos que a certeza da morte entristece,
a promessa da vida plena consola.

Nós te damos muitas graças, nosso Deus.

Ó Pai, para os que creem em ti,
a vida não é tirada, mas transformada.
E desfeito nosso corpo mortal,
nos é dada no céu uma nova morada.

Nós te damos muitas graças, nosso Deus.

Chegue a ti o nosso louvor em nome de Jesus,
por quem oramos com as palavras que ele nos ensinou:
Pai nosso..., pois vosso é o Reino, o poder e a glória para
sempre.

Pai-Nosso

Versão ecumênica. (D.R.)

Pai nosso que estás nos céus.
Santificado seja o teu nome,
venha o teu Reino.
Seja feita a tua vontade,
assim na terra como no céu.
O pão nosso de cada dia nos dá hoje,
perdoa-nos as nossas ofensas,
assim como nós perdoamos
a quem nos tem ofendido.
E não nos deixes cair em tentação,
mas livra-nos do mal,
pois teu é o Reino, o poder
e a glória para sempre.

Cântico de despedida 1 – Lc 2,29-32

Agora deixa, Senhor,
partir em paz este teu servo
/:segundo quanto prometeste,
minha vista contemplou.:/

A salvação que aprontaste
perante os povos do mundo todo,
/:pra iluminar os povos todos
luz e glória dos que amaste.:/

Canto de despedida 2 – Lc 2,29-32

**Descanso eterno, dai-lhe, Senhor!
Da luz perpétua o resplendor.**

Deixai, agora, vosso servo ir em paz,
conforme prometestes, ó Senhor.

Pois meus olhos viram vossa salvação
que preparastes ante a face das nações:

uma luz que brilhará para os gentios
e para a glória de Israel, o vosso povo.

Glória ao Pai e ao Filho e ao Espírito Santo,
como era no princípio, agora e sempre. **Amém.**

Canto final (velório)

1. De Deus os santos, vinde em seu auxílio!
Anjos do Senhor, vinde ao seu encontro!
**Acolhei o irmão (a irmã) na eternidade,
onde não há choro, só felicidade!**

2. Ó meu irmão (ó minha irmã), Cristo te chamou.
Ele te receba e te acompanhem Anjos do Senhor.
Acolhei o irmão...

3. Descanso eterno, dai-lhe, ó Senhor,
o repouso eterno e a luz sem fim, o eterno esplendor!
Acolhei o irmão...

Canto final (encomendação)

Ao Paraíso, é hora, é hora!
Um Anjo te conduza ao Paraíso,
é hora, é hora!

No Paraíso, é hora, é hora!
Um Mártir, ao chegares, te acolha,
é hora, é hora!

Jerusalém, é hora, é hora!
Já vais entrando na cidade santa,
é hora, é hora!

Canto final (sepultamento)

1. Tua companhia seja, irmão(ã), nesta hora,
Maria, a mãe que a seu Filho implora.
Bem-aventurado quem está na glória!

2. Tua companhia seja, irmão(ã), nesta hora,
Maria, a mãe que por todos ora.
Bem-aventurado quem está na glória!

3. Tua companhia seja, irmão(ã), nesta hora,
Maria, a mãe que seu Filho adora.
Bem-aventurado quem está na glória!

Canto final (sepultamento)

**Vai, ó companheiro(a),
para um bom lugar.**

1. Cristo Jesus já foi o teu preparar (bis).
2. Cristo Jesus chegou para te buscar (bis).
3. Cristo Jesus te quer lá onde ele está (bis).

OUTROS

Eu confio em nosso Senhor (D.R.)

**Eu confio em nosso Senhor
com fé, esperança e amor. (bis)**

1. A meu Deus fiel sempre serei,
eu confio em Nosso Senhor
seu preceito, oh, sim, cumprirei
com fé, esperança e amor.

2. E depois de uma vida com Deus,
eu confio em nosso Senhor,
eu espero partir para os céus
com fé, esperança e amor.

Com minha mãe estarei (D.R.)

1. Com minha mãe estarei, / na santa glória um dia,
junto à Virgem Maria, / no céu triunfarei.

**No céu, no céu, com minha mãe estarei.
No céu, no céu, com minha mãe estarei.**

2. Com minha mãe estarei, / unindo-me aos anjos,
no choro dos arcanjos / sua glória cantarei.

Segura na mão de Deus

Ed.: Universal Music Publishing; Autor: Nelson Monteiro da Motta

1. Se as águas do mar da vida quiserem de afogar,
segura na mão de Deus e vai.
Se as tristezas desta vida quiserem te sufocar,
segura nas mãos de Deus e vai.

**Segura na mão de Deus, segura na mão de Deus,
pois ela, ela te sustentará.
Não temas, segue adiante e não olhes para trás.**

2. O Espírito do Senhor sempre te revestirá.
Segura na mão de Deus e vai.
Jesus Cristo prometeu que jamais te deixará.
Segura na mão de Deus e vai.

Ladainha do nome de Jesus

Unindo-nos à intercessão de Jesus, oremos.

Senhor, tende piedade de nós. (bis)
Cristo, tende piedade de nós. (bis)
Senhor, tende piedade de nós. (bis)

Deus, Pai do céu, tende piedade de nós.
Jesus Cristo, Filho de Deus, tende piedade de nós.
Espírito Santo, tende piedade de nós.

Jesus, esplendor do Pai, tende piedade de nós.
Jesus, força dos mártires, tende piedade de nós.
Jesus, manso e humilde de coração, tende piedade de nós.
Jesus, bom pastor, tende piedade de nós.
Jesus, coroa dos santos, tende piedade de nós.
Jesus, nossa ressurreição, tende piedade de nós.
Sede-nos propício, ouvi-nos, Senhor.
Do medo e do mal, livrai-nos, Senhor.
Pela vossa encarnação, livrai-nos, Senhor.
Pela vossa morte e sepultura, livrai-nos, Senhor.
Pela vossa ressurreição e ascensão, livrai-nos, Senhor.

Cordeiro de Deus, que tirais o pecado do mundo,
perdoai-nos, Senhor. (3x)

Ladainha da Mãe do Senhor

Senhor, tende piedade de nós.
Senhor, tende piedade de nós.
Cristo, tende piedade de nós.
Cristo, tende piedade de nós.
Senhor, tende piedade de nós.
Senhor, tende piedade de nós.
Santa Maria, **rogai por nós.**
Santa Mãe de Deus, **rogai por nós.**
Filha de Abraão, **rogai por nós.**
Arca da Nova Aliança, **rogai por nós.**
Esposa de José, o carpinteiro, **rogai por nós.**
Serva fiel do Senhor, **rogai por nós.**
Mãe da santa Esperança, **rogai por nós.**

Mãe de todos os que creem, **rogai por nós.**
Bendita entre todas as mulheres, **rogai por nós.**
Glória da Igreja, **rogai por nós.**
Alegria do Povo de Deus, **rogai por nós.**
Honra de nossa gente, **rogai por nós.**
Mãe de Jesus Cristo, **rogai por nós.**
Auxílio dos cristãos, **rogai por nós.**

Cordeiro de Deus,
   que tirais o pecado do mundo, perdoai-nos Senhor.
Cordeiro de Deus,
   que tirais o pecado do mundo, ouvi-nos Senhor.
Cordeiro de Deus,
   que tirais o pecado do mundo, tende piedade de nós.

Ladainha das santas testemunhas

Senhor, tende piedade de nós.

– Senhor, tende piedade de nós.

Jesus Cristo, tende piedade de nós.

– Jesus Cristo, tende piedade de nós.

Senhor, tende piedade de nós.

– Senhor, tende piedade de nós.

Maria, Mãe de Deus, **rogai por nós.**

Ó Anjos do Senhor, **rogai por nós.**

Miguel e Rafael, **rogai por nós.**

Arcanjo Gabriel, **rogai por nós.**

Sant'Ana e São Joaquim, **rogai por nós.**

Isabel e Zacarias, **rogai por nós.**

João, o precursor, **rogai por nós.**

Esposo de Maria. **rogai por nós.**

São Pedro e São Paulo, **rogai por nós.**

São João e São Mateus, **rogai por nós.**

São Marcos e São Lucas, **rogai por nós.**

São Judas Tadeu. **rogai por nós.**

Estêvão e Lourenço, **rogai por nós.**

São Cosme e Damião, **rogai por nós.**

Maria Madalena, **rogai por nós.**

Inês e Luzia, **rogai por nós.**

Santa Felicidade, **rogai por nós.**

Perpétua e Cecília. **rogai por nós.**

Bento e Agostinho, **rogai por nós.**

Francisco e Domingos, **rogai por nós.**

Mártires da América. **rogai por nós.**

– Ó Senhor, sede nossa salvação!

Ouvi-nos, Senhor!

Jesus Cristo, ouvi-nos! Jesus Cristo, atendei-nos!

Jesus Cristo, ouvi-nos! Jesus Cristo, atendei-nos!

ÍNDICE ALFABÉTICO
(conforme a sequência do roteiro)

REFRÃOS MEDITATIVOS

Bem-aventurado entre os mortos.................................104
Bendito seja o Senhor Deus 104
Deus enxugará toda lágrima que cai 105
Jesus Cristo é o primogênito 105
O nosso olhar se dirige a Jesus.................................101
Quando a noite chegar..105
Se nós morrermos com Cristo 104
Somos todos cidadãos do céu....................................104
Vem a noite 105

HINOS

A certeza que vive em mim 107
A vida pra quem acredita..105
Os olhos jamais contemplaram 108
Todo aquele que crê..106

SALMOS

Salmo 8 – Felizes os de coração puro 108
Salmo 15(14) – Quem habitará na tua casa..............109
Salmo 23(22) – Felizes pra sempre estarão..............110
Salmo 23(22) – Vós sois meu Pastor 110
Salmo 23(22) – O Senhor é o pastor 111
Salmo 23(22) – Pelos prados e campinas.................111
Salmo 24(23) – Felizes os de coração puro
(responsorial)..112

Salmo 25(24) – Recordai, Senhor, meu Deus (responsorial)..113

Salmo 27(26) – O Senhor é minha luz (responsorial)..114

Salmo 31(30) – Eu sou a ressurreição......................114

Salmo 42(41) – Quando hei de ver a eterna luz (responsorial)..115

Salmo 63(62) – A vida dos justos 116

Salmo 63(62) – A minh'alma tem sede de vós..........117

Salmo 103(102) – Bendize, ó minha alma...............118

Salmo 114(113A) – Benditos de meu Pai 119

Salmo 116(114) – Andarei na presença de Deus (responsorial)..119

Salmo 116(115) – Esperamos o Senhor 121

Salmo 118(117) – Aleluia, irmãos, ao Senhor..........122

Salmo 119(118) – Os sofrimentos do tempo presente (responsorial)..125

Salmo 121(120) – Bem-aventurados........................125

Salmo 122(121) – Feliz o povo que o Senhor...........126

Salmo 130(129) – Confia minh'alma.......................127

CÂNTICOS BÍBLICOS

Lc 2,29-32 (Cântico de Simeão) – Agora deixa, Senhor....................................135

Lc 2,29-32 – Descanso eterno...................................136

Rm 8,31-39 – Quem nos separará 129

1Tm 3,16 – Cristo será engrandecido no meu corpo...128

Jó 19,25-27 – Eu sei que meu defensor vivo está 128

Jó 19,25-27 – Creio que meu Cristo vive..................128

LEITURAS BÍBLICAS

Apocalipse 14,13...31

Apocalipse 21,3-5a.6b-7 74

2 Coríntios 5,1.6-9..98

Filipenses 3,20-21 96

1 João 3,1-2...62

Romanos 6,3-9 24

Romanos 14,7-9 85

Sabedoria 3,1-9...35

Sabedoria 4,7-9.13-15 49

SALMOS RESPONSORIAIS

Salmo 24(23) – Felizes os de coração puro.................49

Salmo 25(24) – Recordai, Senhor meu Deus.............86

Salmo 27(26) – O Senhor é minha luz e salvação.......74

Salmo 116(114) – Andarei na presença de Deus.........24

Salmo 119(118) – Os sofrimentos
do tempo presente..36

ACLAMAÇÕES AO EVANGELHO

Aleluia, eu sou a ressurreição e a vida 130

Aleluia, venham, benditos de meu Pai 131

Louvor e glória nós te damos.................................131

Louvor e glória a ti...131

EVANGELHO

João 6,37-39 75

João 11,21-27 26

João 12,23-28 37

João 14,1-6 87

Lucas 7,11-17 50

Mateus 11,25-30 63

LOUVAÇÕES

Louvação 1 – Oh! Bendito Deus 133

Louvação 2 – É bom cantar um bendito...................133

Louvação 3 – Nós te damos graças 134

CANTO DE DESPEDIDA

Agora deixa, Senhor (Cântico de Simeão)...............135

Descanso eterno (Cântico de Simeão).....................136

CANTOS FINAIS

Canto final 1 – De Deus os santos..........................136

Canto final 2 – Ao Paraíso, é hora.........................137

Canto final 3 – Tua companhia 137

Canto final 4 – Vai, ó companheiro.......................138

Pai-Nosso 135

OUTROS

Com minha mãe estarei....................................138

Eu confio 138

Ladainha das santas testemunhas 141

Ladainha da Mãe do Senhor..................................140

Ladainha do nome de Jesus..................................139

Segura na mão de Deus.....................................139

ÍNDICE ALFABÉTICO
DO REPERTÓRIO

Título	Autor	Página
Abertura	L.: R. Veloso M.: Dom. público – Adap.: J. Fonseca	20
A vida dos justos – Sl 63(62)	L.: Lecionário M.: J. Postma	116
A minh'alma tem sede de vós – Sl 63(62)	L.: Lecionário M.: Refrão: D. R. Estrofes: J. Weber	117
Aleluia, irmãos, ao Senhor – Sl 118(117)	L.: Versão R. Veloso M.: Dom. público – Adap.: J. Fonseca	122
Aleluia! Eu sou a ressurreição e a vida	L.: Lecionário M.: Dom. público – Adap.: J. Fonseca	130
Aleluia! Tanto Deus amou	L.: Lecionário M.: Dom. público – Adap.: J. Fonseca	131
Aleluia! Venham, benditos de meu Pai	L.: Lecionário M.: Dom. público – Adap.: J. Fonseca	131
Andarei na presença de Deus – Sl 116(114)	L.: Lecionário M.: Refrão: D. R. Estrofes: J. Weber	24 120

Título	Autor	Página
Agora deixa, Senhor – Lc 2,29-32	L.: Versão R. Veloso M.: Dom. público – Adap.: J. Fonseca	135
A certeza que vive em mim	L. e M.: M. Kolling Paulinas – Comep	107
A vida pra quem acredita	L. e M.: M. Kolling Paulinas – Comep	105
Bendize, ó minha alma, ao Senhor – Sl 103(102)	L.: Lecionário M.: Refrão: D. R. Estrofes: J. Weber	118
Bendito seja o Senhor Deus	Versão e M.: J. Fonseca	104
Bem-aventurado entre os mortos	L.: Versão R. Lima M.: Dom. público – Adap.: J. Fonseca	104
Bem-aventurados os que têm um coração de pobre – Sl 121(120)	L.: Lecionário M.: J. Postma	125
Benditos de meu Pai - Salmo 114(113A)	L.: Refrão: versão Reginaldo Veloso. Estrofes: versão Geraldo Leite M.: Refrão: J. Fonseca – Estrofes: Geraldo Leite	119
Confia minh'alma – Sl 130(129)	L.: Lecionário M.: J. Gelineau	127
Creio que meu Cristo vive – Jó 19,25-27	L.: Lecionário M.: J. Postma	128

Título	Autor	Página
Cristo será engrandecido no meu corpo – 1Tm 3,16	L.: Versão J. Fonseca M.: J. Postma	129
Cântico de Simeão 1 – Lc 2,29-32	L.: Versão R. Veloso M.: Dom. público – Adap.: J. Fonseca	135
Cântico Simeão 2 – Lc 2,29-32	M.: J. Weber	136
Com minha mãe estarei	D. R.	138
Descanso eterno – Lc 2,29-32	Versão e M.: J. Weber	136
De Deus os santos	L: R. Veloso M.: Dom. público – Adap.: J. Fonseca	136
Deus enxugará toda lágrima que cai	L.: Versão J. Fonseca M.: Dom. público – Adap.: J. Fonseca	105
Eu sei que meu defensor vivo está – Jó 19,25-27	L: Versão Taizé M.: Taizé	128
Eu sou a ressurreição – Sl 31(30)	L.: Versão R. Veloso M.: Refrão: Dom. público – Adap.: J. Fonseca Estrofes: S. Milanês	114
Esperamos o Senhor – Sl 116(115)	L.: Versão R. Veloso M.: Refrão: M.: Dom. público – Adap.: J. Fonseca Estrofes: J. Weber	121

Título	Autor	Página
É bom cantar um bendito	L. e M.: Geraldo Leite	133
Felizes os de coração puro – Sl 24(23)	L.: Lecionário M.: J. Postma	49
Feliz o povo que o Senhor – Sl 122(121)	L.: Lecionário M.: Refrão: D.R. Estrofes: J. Weber	126
Jesus Cristo é o primogênito	L.: Versão J. Fonseca M.: Dom. público – Adap.: J. Fonseca	105
Louvor e glória nós te damos	L.: Lecionário M.: Dom. público – Adap.: J. Fonseca	131
Louvor e glória a ti	L.: Lecionário M.: Dom. público – Adap.: J. Fonseca	131
O nosso olhar se dirige a Jesus	L. e M.: Taizé	101
O Senhor é minha luz e salvação – Sl 27(26)	L.: Lecionário M.: Refrão: D.R. Estrofes: J. Weber	114
Os sofrimentos do tempo presente – Sl 119(118)	L.: Lecionário M.: J. Postma	125
Os olhos jamais contemplaram	L. e M.: M. Kolling Paulinas – Comep	108
Oh! Bendito Deus	L.: R. Veloso M.: Dom. público – Adap.: J. Fonseca	133

Título	Autor	Página
Pai-Nosso (versão ecumênica)	M.: J. Ximenes	135
Quando hei de ver a eterna luz – Sl 42(41)	L.: Lecionário M.: Dom. público – Adap.: J. Fonseca	115
Quando a noite chegar	L.: Adolfo Temme M.: Tradição alemã	105
Somos todos cidadãos do céu	L.: Versão J. Fonseca M.: Dom. público – Adap.: J. Fonseca	104
Se nós morrermos com Cristo	L.: Versão J. Fonseca M.: Dom. público – Adap.: J. Fonseca	104
Segura na mão de Deus	Nelson Monteiro da Motta – Ed. Universal Music	139
Todo aquele que crê em mim	L. e M.: M. Kolling Paulinas – Comep	106
Tua companhia	L: R. Veloso M.: Dom. público – Adap.: J. Fonseca	137
Vai, ó companheiro(a)	L.: R. Veloso M.: Etnomúsica brasi-leira	138
Vem a noite de man-sinho	L. e M.: Adolfo Temme M.: Folclore russo	105

Rua Dona Inácia Uchoa, 62
04110-020 – São Paulo – SP (Brasil)
Tel.: (11) 2125-3500
paulinas.com.br – editora@paulinas.com.br
Telemarketing e SAC: 0800-7010081